Desvende o
poder da
**INTELIGÊNCIA
ESPIRITUAL**

DJALMA PINHO, PH.D.

Desvende o poder da
INTELIGÊNCIA
ESPIRITUAL

O CÓDIGO DE JESUS PARA
DESENVOLVER SEUS DISCÍPULOS

9ª edição

Rio de Janeiro | 2024

CIP-BRASIL. CATALOGAÇÃO NA PUBLICAÇÃO
SINDICATO NACIONAL DOS EDITORES DE LIVROS, RJ

P723d
9ª ed.

Pinho, Djalma
　Desvende o poder da inteligência espiritual: O código de Jesus para desenvolver seus discípulos / Djalma Pinho. – 9ª ed. – Rio de Janeiro: Best Seller, 2024.

　Inclui bibliografia
　ISBN 978-85-4650-112-0

　1. Pessoal – Treinamento. 2. Desenvolvimento organizacional. I. Título.

18-48201

CDD: 658.3124
CDU: 005.963.1

Texto revisado segundo o novo Acordo Ortográfico da Língua Portuguesa.

Copyright © 2018 by Djalma Pinho

Design de capa: Victor Mayrinck
Ilustração de capa: Shutterstock
Foto do autor: Daniel Kullock

As citações bíblicas utilizadas neste livro foram extraídas da Versão Almeida Revista e Corrigida (ARC), 2009, SBB, salvo indicação específica.

Todos os direitos reservados. Proibida a reprodução,
no todo ou em parte, sem autorização prévia por escrito da editora,
sejam quais forem os meios empregados.

Direitos exclusivos de publicação em língua portuguesa para o mundo
adquiridos pela
Editora Best Seller Ltda.
Rua Argentina, 171, parte, São Cristóvão
Rio de Janeiro, RJ – 20921-380
que se reserva a propriedade literária desta edição

Impresso no Brasil

ISBN 978-85-4650-112-0

Seja um leitor preferencial Record.
Cadastre-se no site www.record.com.br e receba informações
sobre nossos lançamentos e nossas promoções.

Atendimento e venda direta ao leitor
sac@record.com.br

SUMÁRIO

Agradecimentos 7
Prefácio 9
Apresentação 13

Introdução 17

PARTE I
O CÉREBRO E A CIÊNCIA COGNITIVA

Capítulo 1: Os avanços da ciência e os conceitos e fenômenos cognitivos 29
Capítulo 2: A psicologia cognitiva e a formação dos hábitos 43
Capítulo 3: As inteligências e suas plataformas 57
Capítulo 4: A ciência e a inteligência espiritual (QS) 73

PARTE II
INTELIGÊNCIA, DESENVOLVIMENTO, PROPÓSITO E VALOR

Capítulo 5: Corpo, alma e espírito 99
Capítulo 6: Ideias angulares no contexto das Escrituras 103

Capítulo 7: Ideias angulares e o desenvolvimento do ser 110
Capítulo 8: HPA — Happiness Power Abilities
    (Habilidades Poderosas para a Felicidade) 123
Capítulo 9: As quatro super-habilidades supremas 155

Conclusão 169
Referências bibliográficas 179

AGRADECIMENTOS

Meu mais profundo agradecimento...

Ao Deus eterno, pelo dom da vida, pela sabedoria e inspiração para esta obra.

À minha amada família: minha esposa, Valéria; minhas filhas, Ana Carolina, Giuliana e Gabriella por sempre me apoiarem e compreenderem o tempo dedicado a esta obra.

À minha querida mãe, Marly, pelo amor e confiança, por seu carinho e dedicação.

A toda a minha equipe do Geração de Inteligência que incansavelmente colaborou para que esta obra surgisse. Sejam funcionários ou voluntários, todos vocês são muito especiais para este projeto.

A todos os líderes que logo após o lançamento da minha teoria me convidaram, abrindo as portas para que o conhecimento da Inteligência Espiritual, a nível científico, pudesse se espalhar e impactar milhares de vidas em tão pouco tempo.

PREFÁCIO

O Dr. Djalma vem oferecer ao cenário literário um material de extrema relevância para o momento em que vivemos. Fala-se demasiadamente sobre múltiplas inteligências, mas compreender a *inteligência espiritual* traz para cada um de nós a grande oportunidade de encontrar uma resposta para os anseios do ser humano que procura o significado da vida.

Este livro vem mostrar como a compreensão da *inteligência espiritual* ajuda a encontrar os caminhos e o foco da vida. Oferece-nos subsídios muito importantes, construídos a partir de uma fundamentação teórica cuidadosamente embasada, além dos conhecimentos, da experiência de vida e da formação do autor.

O Dr. Djalma nos faz navegar pela busca do sentido e significado da vida, um propósito maior para acordar de manhã, ir para o trabalho, estudar e dar cabo de tantas outras demandas que surgem da luta cotidiana. E essa é a ânsia maior do ser humano.

Ter um propósito devolve o brilho aos olhos, faz as pessoas valorizarem o dom da vida e experimentarem a gratidão. Na verdade, penso que cada vez que alguém decide crescer e se desenvolver espiritualmente, vai em busca do Criador, em direção a Deus, e deseja conhecer mais e mais os princípios divinos — não só conhecê-los, mas praticá-los e anunciá-los aos outros.

A *inteligência espiritual* veio nomear esse ponto que pulsa no ser humano integral como o "ponto de Deus no cérebro", responsável pelas experiências espirituais e religiosas — entendendo religião pela etimologia da palavra, *"religare"*, que traz o sentido de ligação, de conexão com o divino e propicia ao ser humano um conjunto de valores e crenças que o ancoram à fé, ao amor e à esperança. A "religação" traz sentido e propósito de vida, além de uma visão de futuro ampliada, que transcende os limites da morte. Portanto, espiritualidade tem ligação, sim, com religião. Esse seria o propósito da religião em um sentido macro; e temos uma gama de religiões que preconizam crenças e valores éticos para dar sentido à existência humana. Independentemente da diversidade de religiões, os valores cristãos oferecem informações para a transformação do ser humano na busca e na preparação dessa mente espiritual. Nas páginas deste livro, você poderá navegar pelas *ideias angulares* e perceber como isso se processa na mente.

Como consultora de empresas, sei exatamente qual é o diferencial de um líder com inteligência espiritual. Ele é um exemplo de coerência e integridade e influencia os seus liderados. Ele reconhece que as pessoas têm alma; logo, muito mais do que alguém dotado de competências técnicas e de capital intelectual, esse líder se cerca de pessoas que dão a vida pela organização, impulsionando e movimentando as relações de forma positiva. Isso significa que, além do capital intelectual, o grande desafio das organizações éticas é reter os talentos que movimentam a inteligência emocional e espiritual no ambiente empresarial. A valorização das pessoas é suscitada por líderes inteligentes nas três dimensões: corpo, alma e espírito.

As pessoas espiritualmente inteligentes podem beneficiar as empresas de todas as formas: desde a relação direta com o cliente, passando pelos princípios de responsabilidade, comprometimento, capacidade de trabalhar em equipe, eficiência nos relacionamentos interpessoais, visão de futuro, alinhamento dos objetivos pessoais e profissionais com a missão e os valores da empresa, até mesmo em cargos de alta direção.

Acredito que o livro do Dr. Djalma Pinho tem recursos suficientes para expandir a inteligência espiritual (QS) das pessoas de tal forma que realmente fará diferença também em seus ambientes de trabalho.

A reflexão sobre a interioridade do ser humano não é recente, mas é trazida de volta à cena, de maneira competente, pelo Dr. Djalma Pinho, em um momento em que as demandas crescem assustadoramente. Os vínculos com as organizações são bem mais frágeis nesta geração de indivíduos conectados 24 horas com o mundo todo, perfil completamente diferente daqueles que esperavam se aposentar na mesma empresa em que começaram a trabalhar e que valorizavam a garantia do trabalho. O profissional de hoje é impulsionado pelo desejo e por desafios que o lancem a novas descobertas. O nível de insatisfação é altíssimo, e a criação de rotinas de trabalho se torna obsoleta em um curto espaço de tempo.

Este livro mostra o caminho para construir uma "mente espiritual", caminho trilhado com apoio nas HPAs (Habilidades Poderosas para a Felicidade), fruto das ideias angulares. A mente espiritual é um refúgio sagrado para a alma. Vivemos uma época de tensões, insegurança, estresse, desconstrução da estrutura da família, desamparo, adoecimento do corpo e da alma. A espiritualidade fornece os recursos internos necessários para suprir tantas demandas e minimizar os conflitos e as questões existenciais, oferecendo respostas que favorecem o equilíbrio interior, a liberação da criatividade e a esperança.

O efetivo processo de desenvolvimento exige o reconhecimento da necessidade de melhoria, da elaboração mental, da renovação da mente, da identificação das crenças limitantes, dos bloqueios que paralisam ou impedem o crescimento do ser humano.

Todos nós somos capazes de iniciar um efetivo processo de mudança interna, em busca de nosso propósito de vida. Esse é o desafio que o Dr. Djalma Pinho coloca diante de nós.

— Dra. Ilma Cunha
Psicanalista e professora da Florida
Christian University, Orlando (EUA)

APRESENTAÇÃO

Ao longo da minha vida e, mais especificamente, em quase trinta anos de experiência na área de liderança, sempre lidei muito com pessoas, seja na vida acadêmica e empresarial, seja na vida ministerial. Na Igreja de Cristo, o que mais me chamava a atenção nas pessoas que encontrei ou que fui levado a aconselhar era o fato de os seus desafios sempre girarem em torno das crises pessoais, da busca pela felicidade e pelo sucesso nas diversas áreas da vida. Essa foi a principal das razões que direcionam a minha tese acadêmica a essa temática, intimamente ligada à psicologia positiva e às ciências cognitivas.

Em 2014, iniciei uma pesquisa de campo que serviu para constatar a influência dos ensinos fundamentais de Jesus na formação da inteligência espiritual (QS). E, para mim, essa é a peça-chave para guiar o homem a uma vida de equilíbrio e paz em direção ao sucesso e ao bem-estar.

O resultado da pesquisa confirmou que alguns versículos apresentados aos entrevistados estão entre os mais influentes da Bíblia quando se trata da transformação interior das pessoas. Esses versículos estão vinculados aos temas *Amor* e *Reino* e orientados para duas plataformas de ação no desenvolvimento da inteligência: a organização da afetividade e a organização sistêmica das crenças. Os textos, que me inspiraram na elaboração do conceito de *ideias angulares,* deixam claro que as reflexões de Cristo são apresentadas como fundamento da construção da espiritualidade para toda a humanidade.

O que chamei de *ideias angulares* são os fatores transformadores e fundamentais da construção de uma nova percepção, que redireciona o homem ao Espírito e às características do caráter divino. Esses fatores foram inscritos no ser humano no momento da sua criação.

Acredito ter decodificado o modelo transformacional de Jesus para o ser humano, o qual denominei "ideias angulares". Elas representam a mente de Cristo e do próprio Deus, introduzidas na mente do homem por meio de um processo chamado *metanoia*, que, traduzido, quer dizer *expansão da mente* ou da *inteligência*.

Esse processo provoca mudanças diretas no sistema de crenças, pois altera a percepção, lançando luz sobre fatos, verdades, princípios e simbolismos. As novas compreensões se expandem nas dimensões do autoconhecimento, do conhecimento holístico, da formação de pensamentos e da organização das emoções. Consequentemente, operam na formação de novos hábitos e comportamentos.

A inteligência espiritual guia as pessoas para uma vida de propósito e valor superior, gerando nelas um senso de direção e disposição, além de fornecer energia para suas realizações. É um meio pelo qual o Criador promove as mudanças de hábito necessárias ao melhor funcionamento do ser, conduzindo-o à felicidade e à alta performance.

A expansão dessa inteligência será processada por meio das *ideias angulares*, apresentadas por Jesus como princípios fundamentais de formação de crenças e valores. Em uma linguagem de *Amor* e *Reino*, ele gera em seus seguidores, respectivamente, a reorganização afetiva, que contribui para a formação das bases de valor e sentimento, mostrando às pessoas o que realmente importa na vida, e a reorganização sistêmica de crenças, que contribui para a redefinição das crenças adquiridas ao longo da vida, ajustadas ao propósito do Reino apresentado por Jesus, que induz o indivíduo a viver uma vida cheia de sentido e por um propósito.

Neste livro, falo sobre as últimas descobertas e avanços da psicologia cognitiva e da neurociência; lanço luz sobre esta incrível máquina de que Deus dotou o ser humano, o cérebro, destacando o papel da formação da memória e da neuroplasticidade para o progresso do ser humano e a superação de limites e traumas; apresento os tipos de inteligência e suas plataformas de ação, assinalando quão relevante e fundamental é a inteligência espiritual para o desenvolvimento humano, a felicidade e o cumprimento dos propósitos de vida, traçando um paralelo entre inteligência espiritual e senso de propósito e valor. Demonstro que as ideias angulares contribuem para a reprogramação do ser, seu alto desempenho, seu bem-estar e sua felicidade.

Estou dando a você diversas dicas práticas e ferramentas de coaching para desenvolver algumas áreas da sua inteligência e ajudá-lo a mudar hábitos e comportamentos indesejados. O impacto disso em sua vida certamente será impressionante. Por fim, disponibilizei o tão esperado TESTE DE QS desenvolvido por mim, para que você possa saber o nível de sua inteligência espiritual. Esse teste está fundamentado no modelo de treinamento e desenvolvimento de Cristo, desvendado por mim na minha tese de doutorado, o qual denominei "CALL DAD", que reproduz o trabalho de Jesus para trazer o homem de volta a sua originalidade.

Entender o processo cognitivo, a origem dos pensamentos, as bases dessa construção é o caminho que traço aqui, neste livro, para que você não só compreenda mas já inicie o desenvolvimento da sua *inteligência espiritual* por meio das *ideias angulares*.

Quero lhe mostrar que elas podem desenvolver sua QS, tornando-o sensível e obediente a esse novo governo espiritual dentro de si. É dessa forma que você poderá descobrir e cumprir o seu propósito, alcançando a plenitude do seu potencial e conquistando uma vida de paz, amor e alegria. Uma vida mais produtiva, realizada e feliz.

Boa leitura!

INTRODUÇÃO

ou acesse o link: http://geracaodeinteligencia.com.br/introdução

Era dia de visita no hospital universitário, na Ilha do Governador. No início da tarde, minha mãe chegara para fazer o que seria a sua última visita ao meu querido pai, que se encontrava em coma após sete paradas cardíacas. O médico a conduziu ao leito, no CTI, e sugeriu que tentasse fazer meu pai reagir. Ele informou que já haviam feito de tudo para animá-lo, mas não houvera êxito em nenhum dos procedimentos. Então pediu à minha mãe que recorresse às boas memórias, falasse de lembranças agradáveis, de coisas que ele gostava de fazer.

Meu pai era um homem extrovertido, achegado aos amigos, que vivia cercado por pessoas e não era ambicioso. Aprendeu a ser um doador, uma pessoa altruísta. Mas chegou ao fim da vida vendo suas reservas financeiras serem gastas em remédios e cuidados. Lutou muito, passou por incontáveis decepções ao ver os amigos se afastarem quando perdeu tudo. Ele também perdera o pai cedo e, agora, via a doença lhe consumir aos poucos, por causa dos péssimos hábitos que cultivara por anos.

Esses atributos não ajudaram muito quando minha mãe precisou invocar algo que o animasse para a vida; meu pai parecia ter se entregado. Até que ela pronunciou o meu nome.

Sou filho único por parte de mãe, mas meu pai teve mais duas lindas meninas. Quando nasci, ele me deu o seu nome. Minha primeira palavra foi "gol", e ele escreveu no meu diário de criança: "gol do Fluminense", time pelo qual me ensinou a torcer fervorosamente. Também me ensinou a andar, a jogar bola na mesma posição que ele, a de atacante, e fazia questão de dizer que eu era a sua cara e tinha o seu jeito — isso era confirmado por todos os seus amigos, então eu não duvido. Depois que passei a me conhecer melhor, acho mesmo que sou uma fotocópia dele. Com algumas melhorias, lógico.

Naquela tarde, a voz de minha mãe falou o meu nome, que ecoou pela sala do CTI. Ela presenciou, junto aos médicos, a cena mais importante da minha vida: meu pai reagiu. Forçou as pálpebras para que se abrissem. O pescoço já estava enrijecido, na tentativa de inclinar para a direita, de modo que pudesse me ver. Naquele instante, uma lágrima brotou de seus olhos e rolou suavemente pelo rosto. Foi seu último esforço, sua última energia gasta em vida; uma prova de amor que ecoa até hoje em meus pensamentos.

O que aconteceu naquela tarde?

Somos movidos por crenças e valores que geram comportamentos em busca de um propósito; pelo menos deveria ser assim. Acontece que, quando há um desalinhamento das crenças, dos valores e do propósito, o que se vê é uma vida sem sentido, sem causa justificada e, consequentemente, sem forças.

Meu pai havia perdido o sentido da vida devido a tantas decepções; eu era o único vínculo dele com o seu propósito, o de ser pai e deixar um legado. Naquele momento, eu era um farol que iluminava uma estrada, era a causa da sua existência. Tinha 13 anos e precisava dele para existir e crescer, mas seus fragmentos na alma e suas autossabotagens eram tão fortes que seus olhos se desviavam da família e, com isso, da causa e do propósito que o poderiam inspirar.

Como as crenças limitadoras, destinadas à voz dos sabotadores, cegam a causa por autoproteção, ele se isolou nas bebidas, nos amigos de bares, e foi-se, como quem pega um avião e parte para nunca mais voltar.

Tenho certeza de que meu pai não foi o único a apresentar essas características e a experimentar esses dissabores. Talvez você, que neste momento lê o meu livro, esteja vivendo algum tipo de desalinhamento que tem tirado o seu foco daquilo que realmente importa e que é capaz de dar sentido à sua vida e de fazê-lo feliz: o seu propósito de existir.

Mesmo que algo não o esteja perturbando e atrapalhando a sua caminhada rumo aos seus alvos e objetivos, talvez você não tenha descoberto ainda o significado da sua existência ou tenha dúvidas em relação ao propósito da sua vida. Qualquer que seja o seu caso, quero convidá-lo a prosseguir comigo nesta viagem de leitura, a fim de se conscientizar a respeito das faculdades com as quais o Deus que o criou o dotou, e saber qual é a peça fundamental que lhe permitirá conhecer e cumprir o seu propósito. É uma oportunidade para que você compreenda a importância da inteligência espiritual e toda a sua relação com as outras inteligências com as quais fomos dotados por Deus, para o cumprimento do nosso propósito e para uma vida plena e feliz.

Antes de adentrarmos nesses temas centrais do livro, vamos esclarecer a relação entre a inteligência espiritual, as outras inteligências e o nosso propósito de vida, destacando o cérebro como o centro de comando do nosso ser e os avanços da psicologia cognitiva nos últimos vinte anos.

Inteligência espiritual: a peça fundamental para o cumprimento do nosso propósito

Em Provérbios 3.13-17, lemos:

> Bem-aventurado o homem que acha sabedoria, e o homem que adquire conhecimento; porque é melhor a sua mercadoria do que artigos de prata, e maior o seu lucro que o ouro mais fino. Mais preciosa é do que os rubis, e tudo o que mais possas desejar não se pode comparar a ela. Vida longa de dias está na sua mão direita; e na esquerda, riquezas e honra. Os seus caminhos são caminhos de delícias, e todas as suas veredas de paz.

Nesse texto, é ressaltado o alto valor não somente do conhecimento, mas também da sabedoria/inteligência para aplicá-lo. Também são enfatizados os efeitos dessas preciosidades: vida longa, riquezas e honra, delícias (prazer), paz. Em outras palavras, tudo isso está ligado à descoberta do propósito e ao desenvolvimento pleno do ser humano, de suas capacidades. São coisas que trazem benefícios para si e para outros, e que estão associadas a bem-estar e felicidade. Não é o que todos desejamos? Uma vida realizada, plena, abundante e feliz? Mas como obter isso?

Com o desenvolvimento da ciência, hoje entendemos claramente o papel das inteligências para o bom funcionamento do corpo humano.

Partindo do fato de que fomos criados por Deus, temos um propósito por Ele estabelecido para a nossa existência. E, para o bom cumprimento desse propósito, foram colocados em nós três programas diferentes que, juntos, formam a excelência desse ser complexo chamado "ser humano".

Há três tipos de inteligência dentro de nós; uma delas é a peça fundamental da engrenagem. Meu objetivo com este livro é levar você ao conhecimento desta que a ciência tem considerado a "inteligência das inteligências", o elo de ligação com a nossa verdadeira origem e razão de existir: a inteligência espiritual.

"A melhor maneira de que o homem dispõe para se aperfeiçoar é aproximar-se de Deus."

Pitágoras

Não acredito que Deus possa fazer alguém para não "funcionar" com excelência. É por isso que este livro é uma viagem para dentro do propósito divino de fazer de você um ser completo e de alta performance. Afinal, sobre a criação do homem, é relatado o seguinte na Bíblia:

> E Deus os abençoou, e Deus lhes disse: Frutificai e multiplicai-vos, e enchei a terra, e sujeitai-a; e dominai sobre os peixes do mar e sobre as aves dos céus, e sobre todo o animal que se move sobre a terra.

Gênesis 1.28

Todo ser humano tem como propósito ser um líder; ele é um ser destacado da criação, nasceu para brilhar. Assim, quando olho e observo aqueles que brilham de forma genuína e não mascarada, percebo também que todos possuem características semelhantes.

Gênios: normais ou extraordinários?

Estima-se que cerca de 20% da população mundial se enquadre no que chamamos de pessoas com mente privilegiada ou gênios, superdotados. Mas será que essas pessoas são uma distorção? Ou todos nós nascemos com essas habilidades, porém muitos não as exploram?

Estudos recentes têm demonstrado que as características dos gênios surgem, em grande parte, devido à forma como usam sua mente e disciplinam sua forma de pensar. Pesquisas demonstram que os superdotados possuem algumas características comuns, entre elas, criatividade, boa memória, fácil aprendizagem, amplo conhecimento geral, impaciência, distração, problemas relacionais, alto desempenho em determinadas áreas e falta de senso comum, este último compreendido pela disposição de questionar as crenças comuns, principalmente as limitantes. Os questionamentos a proposições comuns levam os gênios a verdades mais profundas.

"Alguns homens veem as coisas como são e dizem 'por quê?'. Eu sonho com as coisas que nunca foram e digo 'por que não?'."

Bernard Shaw

Graças a pessoas assim, podemos ir mais longe, viajar pelo espaço, usar tecnologias avançadas, conhecer oceanos e até saber um pouco sobre o mundo subatômico.

O mais especial é poder afirmar que absolutamente nenhuma das características encontradas nos gênios é extraordinária; são comuns e acessíveis a todos. A grande diferença está na maneira de usá-las e combiná-las. Onde, então, estaria de fato o diferencial dos gênios?

Há algo que se destaca além dessas habilidades: a força que os impulsiona até os seus limites e à superação do que os desafia, o seu senso extraordinário de propósito e de valor. Todos eles sabem o que estão buscando, porque almejam a recompensa atrelada àquilo que desejam e em nome de quem ou do que estão buscando. Certamente essa foi a força que mexeu com o meu pai naquela cama de hospital: a procura por seu filho.

"As dúvidas são mais cruéis do que as duras verdades."

Molière

Propósito e valor

Quando não sei o que sou, posso ser qualquer coisa. Por isso há cinco perguntas básicas que precisam ser respondidas e ajudam o ser humano a trilhar uma vida com propósito e valor:

1. Quem sou?
2. De onde vim?
3. Por que estou aqui?
4. Quais os meus potenciais ou até onde posso chegar?
5. Para onde vou?

As respostas a essas perguntas podem gerar bem-estar, tornando-se o combustível da genialidade e da alta performance. Essas perguntas provocam o nosso senso de propósito e de valor, e isso se torna a força da causa pela qual nos levantamos da cama diariamente.

> "Todo mundo é um gênio, mas, se você julgar um gênio pela sua habilidade de subir em árvores, ele viverá o resto da vida acreditando que é um idiota."
>
> Albert Einstein

O diferencial sempre estará na força combinativa de duas coisas que formam o comportamento: as crenças e os valores.

A força daquilo em que você acredita somada à força daquilo a que você dá importância, gera a força de um comportamento que, se estiver alinhado ao seu propósito, bingo! Irá gerar o sucesso e a alta performance. Além disso, o senso de cumprimento gera bem-estar, ou melhor, felicidade, ao longo do processo, e isso ajudará na superação das barreiras e limitações no caminho.

Quando indagado sobre sua genialidade, Albert Einstein respondeu que não se considerava um gênio; apenas não desistia fácil de seus objetivos. Dizia também: "Penso 99 vezes e nada descubro; deixo de pensar, mergulho em profundo silêncio, e eis que a verdade se me revela."

Você já deve ter escutado que nós usamos apenas 10% do cérebro, mas isso é um mito. Depois que passou a ser estudado com as tecnologias modernas de mapeamento, como EEG (eletroencefalograma) e RMN (ressonância magnética nuclear), descobriu-se que ele é usado em sua totalidade e o tempo todo. E é o seu bom uso que faz a diferença. Vejamos, então, nos capítulos a seguir, um pouco mais sobre essa maravilhosa máquina.

PARTE I
O CÉREBRO E A CIÊNCIA COGNITIVA

Para saber um pouco mais sobre o cérebro, algo que vai ajudá-lo a compreender melhor os temas abordados neste livro, cabe explicar o seguinte:

O cérebro é dividido em dois hemisférios: o esquerdo, que controla e coordena os pensamentos analíticos racionais e cartesianos; e o direito, que controla os pensamentos associativos e criativos. Na sua totalidade, o cérebro também se divide em três partes: a superior, que controla os pensamentos, a coordenação motora, as emoções e a fome; a mediana, que controla a audição, o reflexo da visão e a consciência; e a inferior, que coordena a análise dos sentidos.

O cérebro é o centro de controle e funciona de acordo com as informações que imputamos nele. Não pode discernir as verdades dos sonhos, o mundo real do irreal. Por isso, tudo o que colocarmos nele será processado segundo aquela informação.

Neste ponto, espero que você já esteja percebendo a importância da inteligência espiritual. É ela que fornece a você o senso de propósito, as bases do pensamento, a consciência das causas que lhe movem, os sentimentos que consolidam as crenças e identificam e fortalecem os seus valores. O cérebro é a máquina que vai transformar em ações concretas o que estiver lá.

"O nosso cérebro é o melhor brinquedo já criado. Nele se encontram todos os segredos, inclusive o da felicidade."

Charles Chaplin

O cérebro funciona por descargas eletroquímicas entre os quase 100 bilhões de neurônios, e cada um deles possui até 10 mil conexões. Entre eles estão combinações em funcionamento, chamadas de sinapses, que são a comunicação entre os neurônios. Tudo isso ocorre a 420 quilômetros por hora, o que o torna o órgão de maior complexidade e singularidade do universo. Esse órgão gera e processa os pensamentos, as emoções e a consciência, concedendo-nos a maravilhosa experiência da vida.

O cérebro é uma parte do encéfalo, junto com o cerebelo e o tronco encefálico. E funciona como uma grande orquestra, capaz de tocar diversas composições por meio da combinação de instrumentos que, no cérebro, seriam as suas diversas partes. Suas funções específicas operam isoladamente ou com a ajuda de alguma outra parte.

O córtex cerebral é dividido em quatro partes principais: a occipital, a temporal, a parietal e a frontal.

A região occipital processa informações visuais, contendo cerca de trinta subdivisões especializadas em identificações diferenciadas de cores, figuras e formas.

O lobo temporal é para nós a área mais importante, pois nele são processadas a memória e as percepções. Graças a ele, reconhecemos objetos em geral e associamos sentimentos às imagens percebidas, além de compreendermos a linguagem em uma região chamada de área de Wernicke, que, ao lado da espiritualidade e da consciência, nos faz diferentes dos outros animais. No lobo temporal também se encontra o sistema límbico, responsável pelo processamento das emoções; nessa região está também a amígdala, que registra e gerencia nossos hábitos emocionais de sobrevivência; bem como o hipocampo, que processa as memórias de curto prazo e nutre o córtex com informações novas para a formação das memórias recentes.

O lobo parietal processa a capacidade de percepção do ambiente à nossa volta, situando-nos geograficamente e nos dando noção de espaço, através de informações que vêm dos músculos e dos sentidos (tato, visão e audição), e nos faz perceber o corpo como um todo em coordenação motora.

Por fim, o lobo frontal é onde se situa a área do planejamento e das ações simples. É uma área executiva, capaz de organizar os passos a serem dados. O córtex pré-frontal, nessa região, parece conter a nossa personalidade, o senso moral, a empatia e o bom senso. A atuação dessa região no comportamento humano se traduz em decisões pensadas.

Outras descobertas interessantes da ciência nos dão a compreensão do processo cognitivo e das inteligências e nos ajudam a construir o caminho do desenvolvimento da inteligência das inteligências, que é capaz de gerar a verdadeira felicidade e o sucesso.

Nos capítulos a seguir, vamos falar mais um pouco sobre as descobertas da ciência em relação ao cérebro e aos tipos de inteligência do ser humano, destacando conceitos cognitivos e fenômenos cerebrais.

CAPÍTULO 1
OS AVANÇOS DA CIÊNCIA E OS CONCEITOS E FENÔMENOS COGNITIVOS

ou acesse o link: http://geracaodeinteligencia.com.br/capitulo-1-os-avancos-da-ciencia-e-os-conceitos-e-fenomenos-cognitivos

As últimas descobertas na área das ciências cognitivas, que analisam o comportamento e contribuem para a melhor compreensão dessa temática na busca da felicidade e do sucesso — tratados neste livro como propósito —, serviram como referencial teórico para a formulação da *teoria das ideias angulares* no desenvolvimento da inteligência espiritual, ou seja, no aumento da QS.

Nos últimos anos, a psicologia tem ampliado seu horizonte de pesquisa científica, fazendo com que os psicólogos contemporâneos se concentrem mais nas questões que enfatizam a busca da felicidade humana, em detrimento do estudo das doenças mentais.

Avanços na psicologia positiva

É assim que surge o movimento da psicologia positiva, que adota uma visão mais aberta e apreciativa dos potenciais das motivações e capacidades humanas. Auxiliando a busca da compreensão da felicidade e as tentativas de entender essa trajetória, que atraem a atenção do ser humano desde a antiguidade.

Os gregos antigos, por meio de suas escolas de pensamento, ampliaram o debate. Sócrates, por exemplo, defendeu o autoconhecimento como caminho para a felicidade. Platão, com a alegoria da caverna, propôs que a felicidade seria encontrada com a mudança de percepção do mundo ao redor, influenciando, assim, pensadores ocidentais. Aristóteles, por sua vez, acreditava que a felicidade é constituída pela virtude de uma vida completa, alcançada por meio de atividades racionais, em consonância com uma vida virtuosa. Já os epicuristas acreditavam na felicidade por meio dos prazeres simples, e os estoicos desenvolveram exercícios que se comparam às terapias psicológicas e à psicologia positiva dos dias atuais.

Baseando-se nas fontes filosóficas e religiosas conhecidas até o final do século XIX, a psicologia positiva fincou suas raízes na psicologia humanista do século XX, que passou a se concentrar fortemente nas questões de felicidade e realização.

Esse movimento entendia que, para ser feliz, era preciso alcançar a alta performance, pois o funcionamento adequado do ser produzia para ele satisfação pelas conquistas geradas.

Mais recentemente, com o avanço paralelo das ferramentas de investigação neurológica e o mapeamento cerebral, a psicologia positiva descobriu que a alta performance nem sempre gera felicidade, mas que o homem feliz, ou o cérebro feliz, permite o desenvolvimento pleno, saudável e positivo dos aspectos psicológicos, biológicos e sociológicos do ser humano, gerando então a alta performance. O cérebro feliz é um cérebro mais capaz!

Assim, posso afirmar que se você deseja ser feliz, deve garantir que o seu cérebro esteja feliz. A felicidade tem muito mais a ver com a maneira prazerosa do nosso cérebro trabalhar do que podemos imaginar.

Os sentimentos de prazer estimulam o nosso cérebro ao bom desempenho, preparando-o para responder às questões difíceis da vida. Ao fazer isso ele gera recompensas que produzem o bem-estar e a sensação de felicidade.

Entendendo a maneira de reagir do seu cérebro e o que lhe fornece prazer você poderá dirigi-lo no caminho dessa felicidade, oferecendo-lhe recompensas para que ele vá se moldando a uma estrutura mental positiva promotora de bem-estar e felicidade.

Os benefícios do bem-estar são variados. E podem ser percebidos:

- Na melhora de humor, que muda o ambiente externo afetando positivamente as relações.
- Na melhora do sono e consequentemente na renovação celular, produzindo um efeito curativo em todo o corpo.
- No aumento de foco e estado de alerta para oportunidades.
- No aumento da capacidade criativa e produtiva.
- Na adaptação da mente em busca de soluções e não de problemas e desculpas.

Esses são apenas alguns entre tantos benefícios que falaremos ao longo deste livro.

A psicologia positiva também destaca que a felicidade não se baseia em questões externas. Cerca de 90% das variações de estado de felicidade acontecem apenas no cérebro e não têm relação com o que acontece na vida das pessoas em termos de bens, saúde, conquistas etc. Depende mais da forma de perceber a realidade. Isso foi observado por Lyubormisrky, citado por Passareli e Silva:

> Lyubormirsky (2001) mostrou que a felicidade pode realmente estar "em nossas cabeças", como a teoria popular tem afirmado há tanto tempo. Pessoas felizes apreciariam o que elas já têm, sem se prender àquilo que não têm [...][1].

---

1. PASSARELI, Paola Moura; SILVA, José Aparecido da. *Psicologia positiva e o estudo do bem-estar subjetivo*, 2006. Disponível em: <http://www.scielo.br/pdf/estpsi/v24n4/v24n4a10.pdf>. Acesso em: 24 set. 2014.

Para a psicologia positiva, o sentido da vida é a pedra angular da felicidade. Portanto, o desenvolvimento das metas que permitam um maior sentido de propósito de vida é um dos fundamentos da chamada terapia de bem-estar.

Avanços da neurociência

Nas últimas décadas, a neurociência conseguiu mapear as áreas do cérebro que, estimuladas, geram prazer e sentimentos positivos, que levam à felicidade. Esses estímulos podem partir dos diversos sentidos. Quando se aprende as relações, a pessoa pode se sentir mais feliz.

Exercícios para o cérebro e seus resultados

Os avanços da neurociência também constataram que o cérebro funciona como um músculo que, com alguns exercícios simples, pode ser desenvolvido para comandar áreas específicas deste.

Nas academias de musculação, as pessoas utilizam aparelhos para, por meio de exercícios repetidos, expandir a sua musculatura. Essa expansão é, na verdade, o rompimento das fibras, as quais, para se recuperar, acionam as células-satélite, que, por sua vez, enviam proteínas de recomposição muscular. É assim que a musculatura naquele local cresce. Certos indivíduos ingerem doses de *whey protein* após os exercícios, procurando acelerar esse processo de recuperação. Algo parecido ocorre nas redes neurais. Quanto mais se usa o cérebro, da forma certa, é claro, melhor e mais saudável ele se torna pelo enriquecimento de suas redes neurais

A necessidade de mantermos uma mente em hiperatividade neurológica vem da quantidade cada vez maior de assuntos e informações diferentes que nos bombardeiam, nos causando sempre a sensação de estar deixando passar alguma coisa.

Exercitar o cérebro se torna fundamental para nos tornar mais confiantes e preparados para o desenvolvimento neste mundo de informações abundantes e crescentes.

Uma das mentes mais admiráveis, em termos de memória, é a do pastor e psicólogo brasileiro Silas Malafaia. Com uma memória surpreendente, ele é capaz de citar mais de cinquenta versículos de diferentes partes da Bíblia na condução de seus sermões. Sobre a construção dessa habilidade, ele relata:

> A capacidade de memorizar versículos da Bíblia depende muito de cada pessoa. Mas, desde já, com base em minha própria experiência, garanto-lhe que nada resiste a um esforço contínuo, metódico e perseverante [...] O processo para a memorização de versículos e de capítulos inteiros da bíblia se baseia em técnicas que empregam a repetição exaustiva do texto. [...] Colocando todos os dias diante dos seus olhos uma Bíblia com o mesmo projeto gráfico, os versículos estarão sempre no mesmo lugar da página. Desse modo, sua memória visual será consideravelmente aguçada, e você terá muito mais facilidade em memorizar versículos. [...] Cabe salientar que o número de releituras varia de acordo com cada especialista. Mike Murdock, por exemplo, recomenda pelo menos 17 releituras. Repetir 17 ou até cem vezes...[2]

Entendendo a formação da memória

Quando caminhares, te guiará; quando te deitares, te guardará; quando acordares, falará contigo. Porque o mandamento é lâmpada, e a lei é luz; e as repreensões da correção são o caminho da vida.

Provérbios 6.22-23

---

[2]. BÍBLIA LEITURA DIÁRIA: *lendo as Escrituras com o Pr. Silas Malafaia*. Rio de Janeiro: Editora Central Gospel. 2011. p. 1479-1481.

Para que se entenda melhor a consolidação das informações no cérebro, fator importante na formação da nossa inteligência, é necessário saber que existe um diálogo entre a mente e o cérebro. Essa conversa ocorre principalmente durante o sono, o sonho e o repouso, quando a mente consciente não está muito ativa. O diálogo acontece entre o hipocampo e o córtex cerebral, e ele repete, atualiza e adapta você à nova experiência.

Essa comunicação é inconsciente e essencial para a plasticidade cerebral, que é a capacidade de criar novas redes neurais, de refazer redes que foram criadas de forma errada, por causa de situações negativas como traumas, fobias e medos. Você pode recriar novas redes para substituir as redes erradas ou, ainda, criar novas redes em função das coisas que está vivendo.

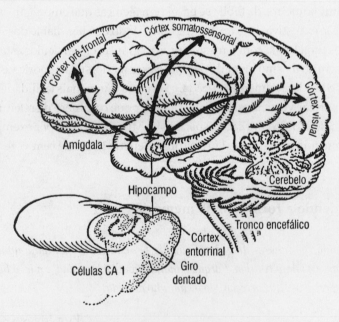

Figura 1: Diálogo entre hipocampo e córtex cerebral

O diálogo que mencionei ocorre no sono REM (*rapid eye movement* — movimentos oculares rápidos), o sono em que você está sonhando.

Durante esse período se dá a comunicação entre a mente e o cérebro, de maneira que tudo aquilo que o hipocampo aprendeu, guardou, memorizou será consolidado no córtex cerebral.

Se você estuda, aprende, tem um insight, mas não dorme, acaba por não consolidar a memória; fica só com a memória temporária. Se, após aquele momento de aprendizagem, o seu hipocampo for retirado, o aprendizado vai desaparecer. Esse tipo de teste já foi feito em animais.

Se você armazenar memórias, comportamentos e aprendizagens e dormir, seu hipocampo poderá ser retirado e você não perderá essas informações, pois a memória já foi consolidada.

O Dr. Eric Kandel, judeu austríaco que se refugiou nos Estados Unidos aos 12 anos, neurocientista da Columbia University, é especialista em processamento da memória. Ele ganhou o prêmio Nobel em fisiologia e medicina no ano 2000 por suas pesquisas sobre a "base fisiológica do armazenamento da memória em neurônios". Sua carreira é dedicada à busca do entendimento sobre as bases biológicas de como a mente armazena experiências e reage a elas.

Kandel afirma que fatores sociais alteram o comportamento por meio da aprendizagem, que desencadeia mudanças genéticas. Isso comprova que o DNA é mutável, que se transforma o tempo todo e provoca mudanças anatômicas nas conexões celulares do cérebro.

Hoje, com ressonâncias funcionais, é possível observar as variações sinápticas durante as sessões de psicoterapia ou coaching, e mostrar se houve alteração nas conexões do cérebro, avaliando se o processo foi realmente eficaz.

Tive recentemente uma experiência com uma das minhas clientes de coaching, cujo nome me reservo o direito de não revelar a fim de não expor sua intimidade. Ela chegou ao atendimento muito nervosa, trazida pelo marido. Contou que tinha ido ao médico e este havia solicitado um exame de ressonância no cérebro. Ela sofria de ANT (*Automatic Negative Thoughts*, ou pensamentos negativos automáticos). A jovem senhora estava sempre imaginando situações negativas. Dores se transformavam em doenças em seu pensamento, preocupações em certeza de desastres. Ao analisar o exame, o médico constatou manchas negras em determinados locais do seu cérebro. As manchas, segundo ele, poderiam progredir para um futuro tumor. Imagine como estava a mente dela.

Tivemos duas sessões, nas quais trabalhei seus pensamentos negativos e crenças limitantes. Além disso, pedi que ela participasse do meu curso "Inteligência e personalidade", que enfatiza o autoconhecimento. Uma semana após o curso, ela retornou ao médico e refez a ressonância. Pronto: as manchas já não existiam.

O Dr. Daniel Amem, neuropsicólogo americano, já realizou diversas ressonâncias em pacientes diagnosticados com ANT, e em todos foram encontradas manchas localizadas. Isso acontece devido à ausência de atividades neurais — os pensamentos positivos que deveriam estar em rede com alguns pensamentos da pessoa. Como esses pensamentos não são utilizados, os neurônios já não se ativam. O cérebro parece entender que aqueles pensamentos positivos, que um dia estiveram lá, não são mais necessários. O caminho escolhido passa, sempre, por aquele determinado pensamento, o negativo.

O fato de o paciente iniciar um processo de reconstrução desses caminhos, de pensamentos positivos, leva o cérebro a reativar a área onde apareciam as manchas, e elas desaparecem.

É importante saber que o nosso comportamento mental afeta não só a saúde do nosso cérebro, mas todo o nosso corpo, até o interior das células. Através de um processo chamado transdução dos pensamentos, o que pensamos se transforma em informação e segue pela corrente sanguínea até as células. As informações são conduzidas por hormônios (neurotransmissores) para a regulação genética.

A regulação da expressão genética se dá quando o DNA manda uma ordem do núcleo da célula para uma organela fora do núcleo do citoplasma, chamada ribossomo, para começar a sintetizar proteínas. A base de todas as formas de vida que conhecemos são os ácidos nucleicos (DNA e RNA) e as proteínas, que fazem tudo em nosso organismo. A regulação da expressão genética é influenciada por fatores sociais e ações do cérebro, que serão incorporadas aos genes de células nervosas de regiões específicas do cérebro; logo, o seu cérebro muda anatômica e fisiologicamente em função do diálogo com o DNA. É assim que as futuras gerações recebem as informações incorporadas pela genética dos pais.

Precisamos, efetivamente, gerenciar essa máquina poderosa chamada cérebro. Para auxiliar nesse processo, vamos conhecer a célula que o constitui.

O neurônio tem pequenos prolongamentos, chamados dendritos, e um longo prolongamento, denominado axônio, por onde são transmitidos os impulsos eletroquímicos para a célula seguinte.

Na ponta do axônio estão vesículas por onde passam os neurotransmissores, mensageiros químicos do cérebro. Ao receber um impulso elétrico, as vesículas se abrem e deixam os neurotransmissores caírem em um espaço microscópico chamado fenda sináptica, que se ligarão aos receptores presentes na membrana citoplasmática da célula seguinte.

Os neurotransmissores podem ser excitatórios ou inibitórios. Por meio de um cálculo algébrico, a célula decide qual ação vai praticar: no caso, se vai despolarizar e mandar a informação adiante ou não.

A vantagem que temos em comparação aos supercomputadores de hoje é que contamos com uma rede neural muito mais densa e conseguimos processar cerca de 700 quatrilhões de cálculos por segundo nessas redes neurais, algo que, hoje, alguns poucos computadores já alcançam.

A neuroplasticidade e o poder da ressignificação

Uma teoria antiga afirmava que os danos sofridos pelo cérebro eram irreversíveis. Contudo, pesquisas e descobertas recentes, realizadas nas duas últimas décadas, mostraram que, quando neurônios e sinapses desaparecem devido à ocorrência de um trauma, neurônios vizinhos compensam a perda, reestabelecendo conexões necessárias e reconstruindo a rede neural danificada. Esses neurônios realizam o que é chamado de "regeneração compensatória" das partes principais, que são o tronco ou axônio e os dendritos.

Graças à descoberta da neuroplasticidade, a ideia de que os recém-nascidos constituíam suas redes neurais e, depois na infância, o crescimento das redes cessava, foi descartada. Hoje se sabe que uma área determinada, quando estimulada, pode se desenvolver, criando novas redes neurais com as novas experiências vividas.

A neuroplasticidade é a mente se tornando matéria à medida que os pensamentos geram um novo crescimento neural. Chopra esclarece:

> Seu cérebro está se remodelando neste momento, não é necessário nenhum dano para desencadear o processo. Basta estar vivo. Podemos estimular a neuroplasticidade, principalmente, expondo-as a novas experiências. [...] Dar um bichinho de estimação a um idoso pode instilar nele mais disposição para viver. [...] o que de fato revigora o idoso é ter um propósito e alguém para amar[3].

O seu cérebro possui a incrível capacidade de mudar e de se adaptar a estímulos. Não temos um cérebro fadado a envelhecer e a se degenerar sem que possamos fazer algo para vencer e retardar isso de forma significativa. Existem possibilidades de remodelar o cérebro em função dos pensamentos, dos sentimentos, das crenças e das ações vividas, reformulando as conexões cerebrais a partir das necessidades e dos fatores do meio em que vivemos. Isso tudo é possível graças à fantástica capacidade cerebral denominada neuroplasticidade.

O cérebro é muito mais maleável do que se imaginava um tempo atrás. Somos capazes de modificar nosso cérebro por meio das experiências vividas, da percepção dos fatos, das ações e dos comportamentos novos, fazendo com que redes de neurônios sejam rearranjadas a cada nova experiência. Isso significa que uma nova forma de pensar, sentir e agir promove importantes mudanças neurais.

---

3. CHOPRA, Deepak. *Supercérebro: Como expandir o poder transformador da sua mente.* São Paulo: Alaúde Editorial, 2013. p. 33.

Na prática, a plasticidade promove novas ligações entre os neurônios, rearranjando as redes neurais e todas as redes de conexões que temos; quando construído de forma correta e fortalecido de maneira adequada, isso é capaz de modificar muito a vida das pessoas.

Como somos fruto das nossas percepções, ou seja, como a realidade existe de acordo com a interpretação que temos do mundo, quando direcionamos nossos pensamentos para coisas positivas e realizadoras, nosso cérebro cria sinapses cerebrais e, com isso, novos caminhos neurais. E eles determinam uma realidade nova e nos levam a conquistas e a ganhos desejados. Então, manter uma atividade mental intensa e em uma direção positiva cria novas sinapses, formadas nas áreas que mais utilizamos.

É importante ressaltar que a plasticidade não está restrita a casos de lesões no sistema nervoso; ela está constantemente ativa, permitindo mudanças no cérebro o tempo todo. Isso significa que, a cada nova experiência, as sinapses neurais são formadas e fortalecidas com as associações relativas a agir, pensar e sentir.

Pesquisas da neurociência demonstram que mudanças cerebrais são realmente possíveis. As pessoas bilíngues, por exemplo, possuem a circunvolução angular esquerda, estrutura cerebral importante para a linguagem, bem mais desenvolvida.

Já os músicos possuem a circunvolução de Heschl, área cerebral importante para processar os estímulos auditivos. Os taxistas possuem o hipocampo, região importante para a memória espacial, bem desenvolvido. Exemplos que demonstram que o direcionamento neural e a função estimulada são capazes de plasmar as áreas cerebrais específicas.

Com isso, podemos entender que os seres humanos são capazes de criar novos caminhos neurais ao longo de toda a vida; que o esforço consciente para criar novas sinapses e ligações pode dar-se mediante o treino mental; e que os efeitos conseguidos são específicos, ou seja, dependem do tipo de atividade mental que se produz. As novas conexões podem se multiplicar com especial intensidade e em distintas áreas cerebrais.

Para uma perfeita formação de novos caminhos neurais, o indivíduo precisa ser exposto a um ambiente enriquecido de estímulos, bons pensamentos e sentimentos, alimentação e respiração adequada e funcionalidade.

Por outro lado, a inatividade e o desuso podem acentuar as alterações estruturais e neuroquímicas do cérebro, provocando um declínio motor, sensorial e cognitivo que piora à medida que envelhecemos.

Fica clara a importância de criarmos aspectos neurais positivo-compensatórios, tais como praticar regularmente uma atividade física, aprender uma nova língua, fazer palavras cruzadas, aprender a tocar um instrumento etc.

Além disso, mudanças nas crenças limitantes que ainda carregamos em nós e na forma de encarar a vida, a persistência e o foco naquilo que queremos conquistar e, principalmente, os pensamentos carregados de sentimentos de alegria, gratidão e sensações positivas, que geram sentimentos de vitória, sucesso e realizações dos sonhos, são capazes de formar e fortalecer sinapses neurais que trarão um impacto extraordinário à sua vida e ao sonho que você pretende realizar.

Na tarde de sexta-feira, dia 26 de outubro de 2017, no sexto dia do Curso de Formação de Coaching e Liderança, abordei os alunos com a seguinte pergunta: "Quem aqui acredita que não possa fazer algo que para outras pessoas pareça ser fácil?" Do meu lado direito, a jovem Isabella Viana, de apenas 19 anos, gritou: "Eu não consigo vender." Imediatamente, chamei-a ao centro da sala para uma sessão de coaching, diante de todos os alunos presentes.

Nós nos sentamos, e eu perguntei por que ela não conseguia vender. Ouvi vários argumentos, desde vergonha até falta de conhecimento. Segurei uma caneta na mão e perguntei: "Quem conseguiria vender esta caneta?" E ela respondeu: "Meu pai. Ele consegue vender qualquer coisa; ele é muito bom." Então, perguntei: "Como ele venderia esta caneta?" E ela disparou a "vender", dizendo: "Ele analisaria os argumentos, ressaltaria as qualidades, diria isso, diria aquilo." Então, disse a ela: "Isabella, você acabou de vender a caneta." Sua resposta, com os olhos arregalados diante da turma, foi: "Eu, hein!"

Todos rimos muito, com um misto de alegria e espanto. Como foi que aquilo aconteceu?

O nosso cérebro trabalha com as informações que damos a ele. Por sua própria interpretação, a jovem absorveu a informação de que não conseguiria vender, talvez porque tenha tentado uma vez e não tenha conseguido, ou alguém tenha lhe passado a informação de que era difícil, ou até porque alguém tenha dito a ela "você não consegue". O fato é que o que aceitarmos como verdade se tornará uma crença, e, nesse caso, limitante.

O que fiz com a mente de Isabella não foi hipnose, nem mágica. Apenas usei um caminho diferente para acessar as informações, não passando pela amígdala: fui direto ao córtex pré-frontal, na área do Brodmann 10, onde estão nossas referências de sucesso.

Ao perguntar quem consegue, seu cérebro foi a referência. Essa referência não aciona o sistema emocional protetivo, o medo, mas responde com confiança. A área do Brodmann 10 é recheada de dopamina, o que traz tranquilidade, libera a criatividade e aumenta a autoestima.

No momento em que perguntei "Como ele venderia?", as informações de venda, outrora bloqueadas pelo sistema emocional para que ela não sofresse decepção ou vergonha, agora estavam totalmente acessíveis e vieram em uma fração de milésimo de segundo à sua mente, podendo se tornar uma ação.

Dois dias depois, após essa ressignificação (*reframe*), Isabella já estava realizando vendas com seu pai, sentindo-se confortável para apresentar produtos de seguros no negócio da família.

Essa mudança, uma vez consolidada, é chamada de neuroplasticidade.

Realizando mudanças poderosas com a "QS"

As informações que permitimos entrar em nossa mente através das nossas percepções formam as nossas memórias, carregadas de sentimentos, bons e ruins. Essa combinação forma o que chamamos de crenças, que podem ser limitantes ou poderosas.

Vamos utilizar o case abaixo para exemplificar outra forma de mudança (neuroplasticidade):

Imagine uma pessoa que tenha investido dinheiro e tempo em um curso de Direito. Foram cinco anos de estudos, mas, por alguma razão, ela não acredita ser possível passar no Exame da Ordem dos Advogados. Durante muito tempo essa pessoa precisou trabalhar e estudar, e por isso as suas notas não eram as melhores. Parentes e amigos lhe disseram que com essas notas ela jamais passaria no Exame da Ordem. Sua autoestima baixou e, junto com ela, sua confiança, porque, para piorar, tinha como referência membros da família que tinham tentado e falhado em se tornar advogados.

Dica: **RECONHEÇA, ESCOLHA E MUDE.**

Primeiro: Reconheça a crença que deseja substituir.

Segundo: Escolha a crença nova que deseja inserir no lugar da crença disfuncional e limitante.

Terceiro: Mude. Realize o *reframe* ou ressignificação, determinando uma razão concreta para a mudança. O que fazer? Repita dez vezes a nova crença a ser inserida, associando-a a valores (no mínimo cinco razões), no momento em que for dormir. Conforme o exemplo abaixo:

Eu vou passar na prova da Ordem porque Deus quer.
Eu vou passar na prova da Ordem porque outros já conseguiram.
Eu vou passar na prova da Ordem porque eu me preparei.
Eu vou passar na prova da Ordem porque eu nasci para isso.
Eu vou passar na prova da Ordem porque as pessoas precisam de mim.

CAPÍTULO 2

A PSICOLOGIA COGNITIVA E A FORMAÇÃO DOS HÁBITOS

ou acesse o link: http://geracaodeinteligencia.com.br/capitulo-2-a-psicologia-cognitiva-e-formacao-dos-habitos

Os temas *felicidade* e *comportamento humano* sempre fizeram parte do interesse geral das pessoas e dos estudos filosóficos. Platão e Aristóteles já teorizavam sobre o pensamento e a memória, partindo de sua base empírica. Mas seria a psicologia cognitiva, uma das disciplinas da ciência cognitiva, que, desde o final dos anos 1960, estudaria e investigaria os processos mentais que estão por trás do comportamento, cobrindo diversos domínios e quesitos, como a memória, a atenção, a percepção, a representação de conhecimento, o raciocínio, a criatividade e a resolução de problemas.

A busca é por compreender como as informações são armazenadas, transformadas e processadas para produzir o conhecimento, por meio de sua vasta cadeia de processos mentais. A esse processo, objetivo do estudo, dá-se o nome de cognição.

Hábitos disfuncionais

"Quando as paixões se tornam senhoras das pessoas, são vícios."

Blaise Pascal

A ciência cognitiva, por meio de análises e de pesquisas, percebe os hábitos disfuncionais, que são distorções cognitivas. Eles geram sofrimento psicológico, razão da ausência de bem-estar e felicidade, e prejuízo da alta performance, pelo fato de serem inadequados ao propósito de vida.

As experiências que vivemos desde crianças formam a nossa história psíquica, que vai determinar a forma como interpretamos os acontecimentos da nossa vida. Assim, se construirmos uma visão positiva da vida e da maneira como interpretamos os fatos, e fizermos disso um hábito ao longo do tempo, vamos moldar neurologicamente de modo mais agradável e saudável a nossa forma de ver o mundo.

Nossas distorções cognitivas geralmente são formas que a mente encontrou de nos convencer de algo errado. Esses pensamentos imprecisos, se não forem identificados e corrigidos, podem criar uma cadeia de "pensamentos negativos reforçados" tornando a sua vida um verdadeiro inferno. Os pensamentos negativos reforçados são construídos pela repetição contínua dos pensamentos negativos recheados de medo, ansiedade e preocupações, que muitas vezes nem sequer existem. Uma pesquisa descobriu que a cada dez coisas que pensamos ser um problema, apenas três o são. Mas o indivíduo acaba sofrendo pelos dez.

Diálogos internos do tipo: "Sou um fracassado mesmo", "Não sirvo para nada", "Ninguém se importa comigo", "Não faço nada direito", "Todos acham que sou louco", "Por que tudo acontece comigo?" Esses são alguns exemplos de pensamentos disfuncionais distorcidos que geram um alto nível de mal-estar psicológico e emocional, além de se tornar uma distração acentuada para um indivíduo que deseja viver por um propósito. Ao identificar esse tipo de pensamento inadequado e maléfico, podemos eliminá-lo com técnicas científicas de coaching e terapia capazes de readequar a interpretação. Não é simples e nem fácil, mas com prática diária é totalmente possível.

Hábitos são ações automáticas, deflagradas por gatilhos registrados na mente, mais especificamente no gânglio basal, que não passam pelo EU, região do córtex pré-frontal, o centro das decisões. Em outras palavras, uma vez que um hábito é deflagrado, você não participa da decisão. Ela sai "impensada".

A formação do hábito

A formação do hábito é uma ação natural do cérebro muito importante. Pois, se uma pessoa tivesse que se concentrar todas as vezes que fosse amarrar o sapato, frear o carro ou passar a marcha, o gasto de energia cerebral ao longo do dia seria altíssimo, gerando sobrecarga cerebral e estresse.

Por isso, o nosso cérebro percebe as ações frequentes, conscientes ou não, como mexer a cabeça pra aliviar a tensão no pescoço, lavar as mãos, coçar o nariz. Essas ações realizadas frequentemente, boas ou ruins, são transformadas em hábitos para que você as faça de forma automática e não necessite de mais gastos energéticos com pensamento. É uma forma de zona de conforto cognitiva. Seria impossível uma pessoa viver os hábitos, pois eles facilitam o dia a dia, realizando as tarefas aprendidas e nos liberando para aprendermos coisas novas. Se imagine sem o "hábito" em uma atividade esportiva, precisando pensar em cada movimento e tendo que calcular cada ação? Ou mesmo na direção do seu carro tendo que pensar em acelerador, marcha e embreagem ao mesmo tempo em que observa o trânsito?

É no gânglio basal que os padrões são formados, e no córtex pré-frontal que os pensamentos complexos e os comportamentos são planejados e os conflitos que demandam decisões são ativados.

Essa função gerencial do córtex pré-frontal está relacionada à nossa habilidade de diferenciar os pensamentos conflitantes, definindo bom ou ruim, melhor ou pior, igual ou diferente, benefício ou perda, perspectiva futura de uma ação conhecida, ações necessárias para atendimento de tarefas.

Se o padrão detectado estiver registrado no gânglio basal, o córtex pré-frontal se rende ao comando do hábito, que está consolidado no gânglio basal. Aqui reside o perigo. Se um hábito deflagrado for ruim ou disfuncional, ele não terá controle.

Muitos autores indicam uma ligação entre a personalidade e o funcionamento do córtex pré-frontal, tendo em vista que a personalidade é a manifestação da inteligência no ambiente e diante das circunstâncias que se apresentam.

A nossa personalidade é o resultado dos pensamentos internalizados, aceitos como verdade, sejam eles bons ou ruins. No coaching, nós chamamos isso de crenças. Essas crenças definem o que fazemos. Acontece que grande parte destas ações são inconscientes. Segundo uma pesquisa realizada por Wendy Neal e David Wood, estudantes demostraram que 45% de comportamentos cotidianos, tais como ler o jornal, comer fast-food, sentar em um determinado banco, frequentar um determinado tipo de ambiente, tendem a ser repetidos nos mesmos locais quase todos os dias.

Nesse mesmo artigo, os autores identificam que, apesar da necessidade de compreender melhor os gatilhos e a maneira como eles deflagram os hábitos, se de forma direta ou difusa, é indiscutível que os hábitos são relativamente rígidos, e isso torna o estudo relevante para as teorias de previsão de comportamento, mudança de comportamento e autorregulação ou domínio próprio, assuntos importantes para a compreensão do poder da inteligência espiritual deflagrada pelas ideias angulares, tema principal deste livro.

A força do hábito e o seu efeito penetrante na performance cotidiana é a chave para entender a dificuldade frequente de alterar um comportamento estabelecido, seja um simples hábito alimentar, uma atividade física ou uma dependência química.

As dificuldades e até os fracassos na tentativa de mudança não decorrem de pouca força de vontade, como muitas vezes é avaliado, nem são um desrespeito ao corpo ou a si próprio. Mas são relacionados ao poder que o hábito tem de nos manter fazendo o que sempre fizemos, apesar de nossas melhores intenções para agir de outra forma. O leitor da Bíblia agora pode compreender o que o apóstolo Paulo quis dizer quando, ao falar de pecado e comportamento errado, ele escreveu:

Porque não faço o bem que quero, mas o mal que não quero esse faço.

Romanos 7.19

O hábito é formado pela associação de três fatores: um gatilho, uma rotina e uma recompensa.

O gatilho pode ser o tempo, um lugar determinado, a presença de outra pessoa ou de uma determinada pessoa, as emoções ou ações precisas. Quanto maior o número dessas deixas vinculadas a uma mesma recompensa, mais forte será o hábito.

A deixa deflagra uma rotina que também pode ser um pensamento, uma ação ou um sentimento, e essa ação vai buscar uma recompensa.

A ansiedade pela recompensa (*craving*) é deflagrada pelo gatilho e tem uma enorme força para impulsionar a rotina. Quando o processo da rotina se inicia, um desejo incontrolável e forte parte em direção à recompensa, antecipando as sensações de obtê-la, até que isso efetivamente aconteça ou não (decepção).

Na revista *Bloomberg Businessweek*, Charles Duhigg explica:

Um hábito é essencialmente uma equação escrita no quadro-negro dos gânglios da base do cérebro. Primeiro, há um sinal (deixa): uma notificação do iPhone para uma mensagem recebida durante uma reunião. Depois, há uma rotina: o iPhone é discretamente examinado. Em seguida, há uma recompensa: o grupo trocou algumas palavras, e agora é hora de agir: ele responde e começa a ansiedade pela notificação novamente e pelas endorfinas da recompensa[4].

Os hábitos disfuncionais não são apenas cigarros, bebidas ou drogas que afetam o corpo, mas também o mau uso do WhatsApp, do Facebook, do Instagram, de outras redes sociais que roubam o tempo produtivo.

Como o hábito é uma busca por recompensa, o que escolhemos buscar faz total diferença naquilo que vamos formar em nós como hábitos. Assim também a escolha dos grupos sociais que frequentaremos porque eles definem, de alguma forma, os padrões de aceitação, que uma vez absorvidos por nós se tornarão provavelmente o nosso alvo para recompensa. Como seres sociais que somos, devemos escolher as melhores companhias, até porque elas ajudarão a modelar os melhores hábitos.

Duhigg declara que a ajuda de um grupo fortalece a mudança do hábito pelo fortalecimento das crenças (senso de pertencer)[5].

Assim como a alta performance vem de hábitos eficazes, o prejuízo do propósito vem de hábitos disfuncionais.

Tudo me é permitido, mas nem tudo convém. Tudo me é permitido, mas eu não deixarei que nada domine.

1 Coríntios 6-12

---

4. ROSENWALD, Michael. *Book review: "The Power of Habit"*, by Charles Duhigg, 2012. Tradução livre. Disponível em: <http://www.businessweek.com/articles/2012-03-15/book-review-the-power-of-habit-by-charles-duhigg>. Acesso em: 3 out. 2014.
5. Entrevista proferida por Charles Duhigg ao jornalista Jonathan Fields, no prédio do jornal *The New York Times*, Nova York, em julho de 2012.

Como se pode transformar um hábito ruim em um hábito de alta performance? Wilson, citado por Silvia Lisboa, diz que "identificar as três etapas de um hábito ruim é o primeiro passo para mudá-lo. 'Esse simples exercício ajuda as pessoas a entender determinados comportamentos e encontrar formas de resolvê-lo'"[6]. Essas três etapas citadas por Wilson são: gatilho, rotina e recompensa.

Ivana da Cruz, também citada por Silvia Lisboa, acrescenta que um hábito nunca vem sozinho:

> Um estudo ainda em curso, financiado pelo governo dos Estados Unidos, vem mostrando que não importa o tipo de hábito que você quer abandonar: excesso de café, atrasos na aula ou perda de tempo na internet. Todos podem ser substituídos por outros melhores, desde que você concentre esforços em apenas um deles. "O hábito nunca vem sozinho. É um pacote. Precisamos saber qual é o hábito--mestre para desmontá-lo."[7]

Alterar um hábito é muito difícil, porque se trata de um padrão neurológico. A regra de ouro (*golden rule*) implica que não sejam alteradas as deixas e as recompensas, pois elas existirão em níveis neurológicos, mas a rotina deve ser alterada.

Duhigg dá o exemplo de alguém que fuma e deseja largar o cigarro. A razão do vício em cigarro pode ser uma carência emocional e social; a pessoa sente a necessidade de ser aceita em um ambiente onde outros fumam, e assim se torna viciada. Nesse caso, a deixa é a carência; a rotina é enturmar-se no grupo dos que fumam; o gatilho é acender o cigarro; quando se é aceito, há o bem-estar e a recompensa. Mesmo sozinha, ao fumar, a pessoa pensa nos amigos,

---

6. LISBOA, Silvia. *Livre-se dos maus hábitos*, 2007. Disponível em: <http://revistagalileu.globo.com/Revista/Common/0,,ERT307107-17773,00.html>. Acesso em: 24 set. 2014.
7. LISBOA, Silvia. *Livre-se dos maus hábitos*, 2007. Disponível em: <http://revistagalileu.globo.com/Revista/Common/0,,ERT307107-17773,00.html>. Acesso em: 24 set. 2014.

nas conversas que tem enquanto fuma, no grupo que a aceitou e ao qual imagina pertencer. Dessa forma, ao encontrar outro grupo que a aceite, como a igreja, por exemplo, a deixa e a recompensa de sentir-se aceita continuarão existindo, mas a rotina mudará.

O poder da inteligência espiritual e do coaching para a mudança de hábitos

Façamos uma consideração sobre a bioarquitetura neurológica do nosso cérebro para entender um pouco mais o seu funcionamento. É preciso entender isso para saber exatamente por que fazemos o que fazemos.

Quando começamos uma sessão de coaching, cujo objetivo é levar alguém do estado atual para um estado desejado, sempre é perguntado ao cliente: "Qual o estado desejado?" O que estamos fazendo é pedir para que essa pessoa encontre o sonho dentro de si mesma. O estado desejado, necessariamente, tem que ser um objetivo. Porém, algumas vezes o objetivo virá como um propósito de vida, um pouco maior do que um simples objetivo. É possível "fatiar" isso, por exemplo: "Sei qual é o seu objetivo de vida, mas dê um passo menor primeiro, e depois daremos outro." Isso é importante. Podemos escolher uma coisa mais curta, mas só o fato de a pessoa estar caminhando na direção dos seus sonhos, lhe dá uma condição melhor para resolver todas as suas questões da vida, todos os seus desbloqueios, toda a neutralização de algum tipo de sabotagem que ela possa ter. Por que isso acontece? É por isso que precisamos falar sobre o funcionamento do cérebro.

Nosso cérebro tem uma área chamada córtex, dividida em algumas partes: lobo temporal, a parte externa onde estão o olfato, audição, a associação das coisas que escutamos; o lobo frontal, onde ficam a fala, a parte motora, bem como suas associações; o lobo parietal, onde está a parte sensorial e a associação sensorial, bem como a leitura. Em resumo, o córtex é a nossa experiência com o mundo exterior. Temos uma relação com o mundo através dele.

Algumas áreas do cérebro são importantes para entendermos que esse órgão não é emocional, que precisamos trabalhar a emoção para resolver nossos problemas, mas o caminho para isso passa pelo espiritual; não é a emoção em si, mas a emoção transformada quando sabemos usar a inteligência espiritual. A inteligência espiritual, conforme o conceito que já definimos antes, é a inteligência do propósito, do sentido da vida e dos valores. Essas três coisas possuem áreas específicas no cérebro. A primeira área que vamos destacar é a ínsula.

Do tamanho de uma ameixa seca, a ínsula trabalha em parceria com outras duas estruturas cerebrais, o córtex pré-frontal e a amígdala, bem conhecidos dos estudiosos no controle de diversas emoções. A ínsula funciona como uma espécie de intérprete do cérebro ao traduzir sons, cheiros ou sabores em emoções e sentimentos, como nojo, desejo, orgulho, arrependimento, culpa ou empatia. Trata-se de uma área fortemente vinculada a valores. Uma área de conflitos. Sabemos que o comportamento é o resultado de crenças e valores, e que para ajustar um comportamento é necessário trabalhar os valores ou as crenças, ou ambos em conjunto. Nossos valores e crenças estão registrados no cérebro. De que forma a ínsula trabalha? Essa região é muito conhecida por ser a área que provoca o vômito, que faz ter vontade de pôr algo para fora. Quando você tem vontade de vomitar, o que isso significa? Que algo que está dentro de você, no seu corpo, na sua formação biológica, emocional, espiritual, de alguma forma não é aceito. A Bíblia fala sobre vômito, em Apocalipse capítulo 3, nos versos 15 e 16.

Conheço as tuas obras, que nem és frio nem quente; quem dera foras frio ou quente!
Assim, porque és morno, e não és frio nem quente, vomitar-te-ei da minha boca.

Apocalipse 3.15-16

Deus fala que vomitará os mornos. Ou você é frio ou é quente. O que Ele está afirmando é que o seu Ser não aceita isso. Isso é conflito. Uma distorção entre o comportamento das pessoas e aquilo que Deus entende ser bom para elas. O que é valor? É algo que não negocio; se não negocio, eu rejeito. Então, a ínsula é a área da rejeição de tudo aquilo que não negociamos. Por isso muitas pessoas vomitam quando são agredidas sem esperar; há pessoas que vomitam ao ver outras pessoas mortas, porque isso agride os seus valores. A ínsula é, enfim, uma área de valores dentro do sistema emocional.

Descrita pela primeira vez no fim do século XVIII pelo anatomista e fisiologista alemão Johann Christian Reil, a ínsula sempre foi negligenciada pelos pesquisadores devido à dificuldade de acesso a essa região, o que dificultava estudos mais minuciosos sobre sua fisiologia.

Nos últimos dez anos, graças ao aperfeiçoamento dos exames de imagens, como a ressonância magnética funcional, a ínsula despertou a atenção dos neurocientistas. Flagrada em pleno funcionamento, já se viu que ela é ativada toda vez que alguém ri de uma piada, ouve música, reconhece expressões de tristeza no rosto de outra pessoa, quer se vingar ou decide não fazer uma compra.

Outra área importante que precisamos destacar é a ACC, a área anterior ao córtex. O que acontece ali? Podemos afirmar que nessa região está o conflito entre os seus sonhos e objetivos (cuja condução, no nível das inteligências, diz respeito à QS, inteligência espiritual) e os seus desejos emocionais conduzidos pela QE (inteligência emocional). Alguns chamam esse conflito de "dor na consciência".

A área ventral da ACC está conectada com a amígdala, o núcleo acumbente, o hipotálamo, o hipocampo e a ínsula anterior e está envolvida na avaliação da relevância da emoção e da informação motivacional. É exatamente nessa região que se encontra o que foi chamado pelos cientistas de "ponto de Deus" no cérebro.

O ACC parece ser especialmente envolvido quando um esforço é necessário para realizar uma tarefa cujo conflito envolve os desejos e os sonhos, localizados respectivamente no sistema límbico e no córtex pré-frontal.

As áreas no córtex pré-frontal denominadas Brodmann 9 e Brodmann 10 são muito importantes, pois é nessa região que se encontram os sonhos, os propósitos, bem como as estratégias, a confiança e a fé (o que chamamos de atributos espirituais) para alcançá-los.

Isso significa que tudo aquilo que acontece em sua vida que é contrário aos seus sonhos gera um conflito na ACC. Se nessa região os seus atributos espirituais estiverem fortes, o seu cérebro dará sinais para que a ação não ocorra.

É por essa razão que o coach de inteligência espiritual trabalha o fortalecimento dos sonhos de uma pessoa. Dando início às sessões com a pergunta "qual o seu objetivo?", o coach deve dar força, solidez, energia, meta concreta para esse sonho. Quanto mais fortes e profundas forem as informações registradas no Brodmann 10 e no Brodmann 9, mais fácil será vencer, através da ACC, uma reação emocional disfuncional.

Nesse ponto, é possível perceber o motivo de considerarmos a QS a inteligência das inteligências. De fato, ela controla a inteligência emocional e a biológica. O propósito arrasta o nosso processo cognitivo para sua própria realização. O cérebro tem uma área específica que conflita com as emoções, neutralizando-as, controlando-as, acalmando-as para que o tal propósito de vida possa agir. Isso é traduzido em felicidade e alta performance pelo bem-estar produzido.

Quando analisamos o caminho da dopamina no cérebro, vemos claramente como esse processo funciona. As áreas Brodmann 9 e Brodmann 10 são recheadas de dopamina. Quando acionada, a área dos sonhos utiliza o hormônio da felicidade e da autoestima para deflagrar uma ação positiva. Traduzindo: se você tem sonhos fortes, tem autoestima e felicidade. Sonhar não é uma opção; é uma necessidade neurológica.

Imagine que você tenha o objetivo estrito de emagrecer 10kg, e alguém lhe ofereça um pedaço de bolo de chocolate, que você aprecia muito. Suas emoções interagem com a memória e lhe informam que há uma recompensa (satisfação) por comer o pedaço de bolo. Nesse momento, a ACC entra em ação para responder a esse pensamento, evidenciando o propósito que você tem. Está travado o conflito. Se o seu propósito de emagrecer estiver fortalecido, haverá condições de resistir à tentação. A única área capaz de deter sua emoção é a sua espiritualidade.

Então, o caminho da dopamina é o caminho da explicação do processo que nos dá força e determinação para alcançar os nossos sonhos. Quando esses são fortalecidos, você está recheado de objetivos, metas, propósito e valor. Isso lhe dá sentido de vida, e você tem força para vencer qualquer crença limitante, qualquer emoção desordenada, qualquer distorção do eu.

A dopamina é prazer e motivação. Se tenho uma informação que me motiva, tenho dopamina. Ela me dá a sintonia fina da coordenação motora, me tornando uma pessoa mais eficiente. A felicidade torna as pessoas eficientes. E a dopamina lhes dá força para ir atrás do que for preciso, porque fortalece a compulsão. Ela também fornece perseverança: mesmo que haja lutas, você passa por cima e persegue o que quer. Então, a dopamina é o hormônio necessário para alcançar o estado desejado. Ela está no córtex pré-frontal, onde estão a fé, o sonho, a confiança. Quanto mais você desenvolver fé, compaixão, perdão, que são atributos espirituais, mais cresce em sua excelência.

Por isso, em nossa academia Geração de Inteligência, trabalhamos com a inteligência espiritual, não com a emocional. Poderíamos trabalhar as emoções para acalmá-las, compreender os traumas, sugerir um médico para passar um remédio que sintetize os hormônios necessários. Mas isso não resolve o problema. Porque, na verdade, não estaríamos gerando sonhos, mas sim gerando artificialmente os hormônios necessários. Todo remédio que você toma, que não é produzido pelo próprio corpo, faz o organismo entender que não precisa produzi-lo, e isso gera o vício em remédios. É por isso que a inteligência espiritual não trabalha com remédios: para não viciar. Se for para viciar alguém, que seja em felicidade. Na verdade, quando você é feliz, tem todo tipo de hormônio necessário e condição neurológica para ser uma pessoa melhor, no caminho do seu sucesso.

Realizando mudanças poderosas

Toda mudança de hábito necessita da identificação do hábito disfuncional. Como vimos nesse capítulo, o hábito é inconsciente. O padrão está no gânglio basal e não necessita da área executiva, o córtex pré-frontal, para acionar a ação. A sequência neurológica dessa mudança deve ser: hábito disfuncional inconsciente — hábito disfuncional consciente — rotina funcional consciente — hábito funcional inconsciente.

Dica: **Primeiro:** descubra o hábito disfuncional inconsciente e o traga à consciência. **Segundo:** torne-o consciente, enxergando as razões negativas que motivam você a extinguir esse hábito.

Exercício: Pegue caneta e papel e responda:

a) *Que hábito disfuncional inconsciente (HDI) você deseja trocar?*
b) *Quando percebe a vontade de realizar esse hábito? Que sinal você recebe que deflagra essa rotina?*
c) *Quais os benefícios, se houver, que esse hábito proporciona a você?*
d) *Quais prejuízos esse hábito disfuncional inconsciente (HDI) provoca?*
e) *O que você, sua família e sua profissão ganharão quando você trocar esse HDI por uma rotina melhor?*
f) *Qual é a rotina que você deseja inserir no lugar desse novo hábito?*

> **Terceiro:** Descubra a melhor rotina para inserir esse novo hábito e torne-a consciente. ***Observação:*** Todo hábito é deflagrado por um gatilho, que é um sinal ouvido, sentido ou percebido que deflagra a busca por uma recompensa específica. Essa recompensa, em geral, é um ganho sentido no organismo. Ela provavelmente está na sua resposta "c" do exercício anterior. Talvez possa estar nas entrelinhas ou escondido por trás da resposta, mas está no benefício percebido. Lembre-se de que hábito é gatilho, rotina e recompensa. Você precisa agora escolher uma rotina funcional nova para substituir a disfuncional. A rotina deve atender ao gatilho e à recompensa, porém deverá estar agora vinculada ao seu propósito de vida e aos seus valores (QS) (observe sua resposta "e" neste caso).
>
> **Quarto:** Transforme sua rotina funcional em hábito. Crie um método de repetição consciente dessa rotina e o pratique o maior número de vezes possível. Faça um pouco antes de dormir, para aproveitar o ciclo ultradiano noturno de consolidação de memória. A repetição criará em você um novo hábito, que, com o passar do tempo, automaticamente, se tornará inconsciente.

Para compreender melhor o desenvolvimento da inteligência espiritual, precisamos conhecer um pouco mais sobre o que é inteligência e como ela se processa. Vamos falar, no capítulo a seguir, sobre as cinco inteligências e suas plataformas.

CAPÍTULO 3
AS INTELIGÊNCIAS E SUAS PLATAFORMAS

ou acesse o link: http://geracaodeinteligencia.com.br/
capitulo-3-inteligencias-e-suas-plataformas

O Senhor com sabedoria fundou a terra; com entendimento preparou os céus. Pelo seu conhecimento se fenderam os abismos, e as nuvens destilam o orvalho.

Provérbios 3.19-20

O Criador do universo estabeleceu os modelos de inteligência e suas plataformas com objetivos bem definidos: estamos falando de processos, que são estrutura e sistemas para o sucesso e a ordem da criação. Como um hábil condutor, Ele utiliza modelos distintos de inteligência para propósitos específicos, todos conectados em um plano maior.

Cosmosfera — inteligência nuclear

Ao criar o universo, o Criador definiu leis que armazenam informações nas estruturas atômicas, baseadas em códigos nucleares, com o objetivo de auto-organizar a matéria e a energia do universo. É graças a essas informações que o universo possui parâmetros de comportamento que atendem ao propósito de sua própria ordem.

Essa plataforma de informação, chamada de cosmosfera, desempenha um papel em níveis físicos e, possivelmente, visíveis, obedecendo a leis que estudamos, por exemplo, a lei da gravidade, uma força de atração representada pela fórmula da equivalência de massa e energia de Albert Einstein: $E = mc^2$.

Biosfera — inteligência biológica

Trafegando por uma plataforma chamada biosfera, a inteligência biológica tem o propósito de auto-organizar a vida. As informações estão armazenadas em uma macromolécula estruturada em códigos biológicos chamada DNA, o ácido desoxirribonucleico (ADN em português).

Essa macromolécula é um composto orgânico, localizado no núcleo de cada célula, vegetal ou animal, cujas moléculas contêm as instruções genéticas que processam, como um "programa de computador", o desenvolvimento e funcionamento de todos os seres vivos. Nele estão contidas também as características genéticas para a reprodução (hereditariedade) de cada ser.

O principal papel do DNA é, a partir do programa genético, construir as proteínas necessárias por meio de um processo de leitura da necessidade — trazida pelos neurotransmissores para atender a uma demanda específica — do organismo.

Essa inteligência trafega pelos níveis biológico e biossocial, processando os dados por combinação de três das quatro bases nitrogenadas presentes no DNA: adenina (A), citosina (C), guanina (G) e timina (T). A sequência das bases ao longo de um dos lados da molécula de DNA gera um aminoácido que, por sua vez, em uma cadeia combinatória de trinta a 36 aminoácidos, formará uma proteína. Cada célula possui de sete a nove mil proteínas diferentes.

Noosfera — inteligência emocional

Essa inteligência utiliza informações armazenadas em redes neurais com o objetivo de auto-organizar o sistema nervoso em busca da autossobrevivência. Trafegando pelo nível neuropsicológico e sociocultural, baseado em códigos neurais, constrói as respostas aos estímulos externos percebidos pelos sentidos.

Em linhas gerais, essa inteligência, com base na memória, filtra as informações que entram pelos sentidos do corpo com o objetivo de garantir sucesso em três áreas: riscos, satisfação e relacionamento.

Na área dos riscos, para evitar danos ao indivíduo, verifica o registro do processo de dor e sofrimento armazenado nas memórias.

Na área da satisfação, para garantir boas recompensas e evitar decepções ou memórias ruins, verifica o registro do processo de recompensas do núcleo acumbente.

Na área dos relacionamentos, para garantir a aceitação e satisfação social, verifica os registros associativos do sistema de relação e confiança, armazenados nas memórias.

Esses filtros procuram garantir a sobrevivência, principal objetivo da inteligência emocional.

Infosfera — inteligência artificial

Essa inteligência é baseada em códigos artificiais. Suas informações são armazenadas em computadores, tendo como objetivo a organização cibernética.

Ela trafega em níveis tecnológicos, como nós a conhecemos, em hardware e software.

Conscienciosfera — inteligência espiritual

Com o objetivo de auto-organizar o valor superior e o propósito, neste nível se utiliza um tipo de informação instantânea no universo, conhecida pela ciência como *não localidade* ou *informação não local*.

Trafegando pelo nível espiritual, ela se utiliza de um código chamado pela ciência de quântico-holográfico ou espiritual, considerado o principal diferencial entre o ser humano e o restante da criação, pois com essa inteligência surge a consciência.

Vamos saber um pouco mais sobre a evolução desses conceitos ao longo dos anos.

Um resumo do estudo da história das inteligências

Inteligência biológica

Francis Galton, influenciado pelo seu meio-primo Charles Darwin, foi o primeiro a propor uma teoria da inteligência geral. Para Galton, a inteligência era uma faculdade real com uma base biológica, que poderia ser estudada medindo os tempos de reação a determinadas tarefas cognitivas. A pesquisa de Galton, que consistia em medir o tamanho da cabeça de cientistas britânicos e de cidadãos comuns, concluiu que o tamanho da cabeça não tem relação com a inteligência da pessoa.

Escala Binet-Simon

A busca de uma compreensão mais profunda da inteligência humana começou no início dos anos 1900, quando Alfred Binet passou a administrar testes de inteligência para crianças em idade escolar na França. Esse país havia mudado radicalmente a sua filosofia de educação, determinando que todas as crianças de 6 a 14 anos frequentassem a escola. O objetivo de Binet consistia em desenvolver uma escala que ajudasse a determinar as diferenças entre as crianças normais e as subnormais. Seu assistente de pesquisa, Théodore Simon, ajudou-o a desenvolver um teste para medir a inteligência, conhecida como escala Binet-Simon.

Inteligência geral

Em 1904, Charles Spearman publicou um artigo no *American Journal of Psychology* intitulado "Inteligência geral". Com base nos resultados de uma série de estudos realizados na Inglaterra, Spearman concluiu que havia uma função comum em todas as atividades intelectuais, que ele chamou de *g* ou *inteligência geral*. Na sequência do artigo, a pesquisa encontrou *g*, uma inteligência altamente correlacionada a muitos resultados sociais importantes e o melhor indicador independente do desempenho do trabalho bem-sucedido. A atual American Psychological Association conceitua a inteligência como uma hierarquia de fatores de inteligência de ordem inferior, com *g* em seu ápice.

Inteligência fluida e inteligência cristalizada

Em meados do século 20, Raymond B. Cattell propôs dois tipos de habilidades cognitivas: a *inteligência fluida* (Gf), que é a capacidade de discriminar e perceber relações, e a *inteligência cristalizada* (Gc), que é a capacidade de discriminar as relações que haviam sido estabelecidas inicialmente por meio de Gf, mas que, depois, não seriam necessárias à identificação dessas relações.

A inteligência cristalizada era comumente avaliada por meio de informações ou de testes de vocabulário. Cattell propôs a hipótese de que a inteligência fluida aumentava até a adolescência e, em seguida, começava a declinar gradualmente, enquanto a inteligência cristalizada aumentava gradualmente, mas se mantinha relativamente estável na maior parte da vida adulta até diminuir em idade adulta avançada.

As plataformas de Gardner e a teoria Triarchic

Em tempos mais recentes, foram propostas teorias de inteligência múltipla. Em 1983, Howard Gardner publicou um livro sobre o tema, dividindo a inteligência em pelo menos oito modalidades diferentes: lógica, linguística, espacial, musical, sinestésica, naturalista, intrapessoal e interpessoal. Alguns anos mais tarde, Robert Sternberg propôs a *teoria triarchic* de inteligência, que descreve três aspectos fundamentais: as inteligências analítica, criativa e prática. As teorias de Sternberg e Gardner foram influentes na condução de um renovado interesse na inteligência social.

Inteligência social

A mais antiga teoria da inteligência social é atribuída a Edward Thorndike, que em 1920 teorizou três tipos de inteligência: a social, a mecânica e a abstrata. Thorndike definiu a inteligência social como a capacidade de gerenciar e entender as pessoas. Ele se concentrou no comportamento, e não na consciência, em sua pesquisa; dessa forma, seus estudos constituíram o início das investigações relacionadas à inteligência social.

Mais tarde, em 1940, David Wechsler propôs que os elementos não cognitivos estariam presentes na inteligência e seriam tão essenciais quanto os aspectos cognitivos. Ele sugeriu que esses fatores são necessários para prever a capacidade de uma pessoa ser bem-sucedida na vida. Wechsler ainda definiu a inteligência como a capacidade global ou composta de um indivíduo de agir intencionalmente, pensar racionalmente e lidar efetivamente com o ambiente ou a situação.

Inteligência emocional (QE)

Em 1990, Peter Salovey e John Mayer cunharam o termo *inteligência emocional*, definindo-a como a capacidade de monitorar as emoções próprias e dos outros, discernindo entre elas, e de usar essa informação para guiar pensamentos e ações.

Hendrie Weisinger (2000) define a inteligência emocional como o uso inteligente das emoções. Ele enfatiza a importância de aprender e fazer as emoções trabalharem para melhorar a si mesmo e aos outros. Weisinger documentou e ilustrou o efeito positivo que as emoções sofriam em configurações pessoais e em ambientes profissionais. Tanto a inteligência emocional quanto a inteligência social têm sido associadas às boas habilidades de liderança, ao bom relacionamento interpessoal, aos resultados positivos em situações de sala de aula e ao melhor funcionamento do mundo.

Segundo estudos da inteligência emocional, a alta performance vem de pessoas que possuem equilíbrio emocional elevado. Assim, vários estudos que se concentrem na capacidade de gerenciar emoções têm recebido atenção.

Gregoire, baseada nos estudos do Dr. Daniel Goleman, alega que a inteligência emocional é determinante para o alcance do propósito que é tratado neste trabalho: felicidade e sucesso. Segundo essa autora, "Nossa inteligência emocional — o modo como gerenciamos as emoções, tanto as nossas como as dos outros — pode ter um papel crítico para determinar nossa *felicidade* e nosso *sucesso*"[8].

---

8. GREGOIRE, Carolyn. *14 sinais de que você tem inteligência emocional*, 2014. Disponível em: <http://exame.abril.com.br/estilo-de-vida/noticias/14-sinais-de-que-voce-tem-inteligencia-emocional>. Acesso em: 25 set. 2014.

Woyciekoski e Hutz explicam:

> Goleman afirmou que a inteligência emocional envolveria autoconsciência, empatia, autocontrole, sociabilidade, zelo, persistência e automotivação. Referiu-se à inteligência emocional como caráter, e sugeriu que ela determinaria em grande parte o sucesso ou o fracasso das relações e experiências cotidianas. Em outro livro, afirmou que a inteligência emocional é responsável por cerca de 85% do desempenho de líderes bem-sucedidos, ou que, comparada com o quociente de inteligência, a inteligência emocional é duas vezes mais importante (GOLEMAN, 1998). Mais tarde, entretanto, o próprio Goleman (2000, p. 22, citado por MAYER et al., 2004) teria reconhecido a necessidade de mais pesquisa acerca de tais afirmações[9].

Inteligência espiritual (QS)

Recentemente, novas descobertas apontaram para um novo quociente, o da inteligência espiritual. Esse quociente nos permite lidar com as questões essenciais da vida e parece ser a chave para um novo tempo, no qual a ciência parece tocar em questões que anteriormente eram abordadas apenas por teólogos e filósofos.

A física e filósofa Danah Zohar, formada pela Universidade de Harvard, com pós-graduação no Massachusetts Institute of Technology (MIT), e que leciona atualmente na Universidade de Oxford, na Inglaterra, junto com seu marido, o psiquiatra Ian Marshall, introduziu o conceito de inteligência espiritual, traduzido pelo quociente espiritual (QS). Em sua avaliação, a inteligência espiritual coletiva é baixa na sociedade moderna, pois hoje o egoísmo e a vida sem

---

9. WOYCIEKOSKI, Carla; HUTZ, Claudio Simon. *Inteligência emocional:* teoria, pesquisa, medida, aplicações e controvérsias, 2009. Disponível em: <http://www.scielo.br/scielo.php?script=sci_arttext&pid=S0102-79722009000100002&lng=en&nrm=iso>. Acesso em: 25 set. 2014.

propósito parecem imperar, lançando-nos em uma cultura espiritualmente estúpida. Para esses estudiosos, a inteligência espiritual "constitui-se na terceira inteligência, aquela que coloca nossos atos e experiências em um contexto mais amplo de sentido e valor, tornando-os mais efetivos".

Ter um alto quociente espiritual (QS) implica ser capaz de usar o espírito para ter uma vida mais rica e mais cheia de sentido, adequando senso de finalidade e direção pessoal.

A inteligência espiritual aumenta nossos horizontes e nos torna mais criativos. É uma inteligência que nos impulsiona. É com ela que abordamos e solucionamos problemas de sentido e valor.

O quociente espiritual está ligado à necessidade humana de ter propósito de vida. É a ele que recorremos para desenvolver os valores éticos e as crenças que norteiam nossas ações.

Em 2014, como resultado de minha defesa de tese de doutorado na Florida Christian University (FCU), após extensa pesquisa com pessoas de alta QS, identifiquei um modelo que chamei de *teoria das ideias angulares* no desenvolvimento da inteligência espiritual.

Nesse modelo, decodifico o método utilizado por Jesus Cristo para desenvolver a inteligência espiritual de seus discípulos e seguidores, com o objetivo de trazê-los ao formato original em que eles teriam sido criados. O método resulta em alta performance e felicidade (bem-estar), e pode ser utilizado tanto no nível pessoal como na liderança e nas organizações.

Esses benefícios atingem todas as plataformas que a inteligência espiritual acessa, e é chamado de *método de inteligência angular* devido aos aspectos poderosos da espiritualidade de ressignificar crenças e valores em função de seu propósito maior.

A inteligência espiritual consiste em olhar sob a perspectiva espiritual, de modo que algumas características saltarão de dentro da pessoa que não usa o ego para tomar decisões, mas sim o espírito.

O caráter de Deus no homem só pode sobressair se a essência posta por Ele no espírito fluir em sua mente por meio das verdades, dos princípios e dos valores do Reino de Deus, se fizerem parte integrante do seu sistema de crenças.

Zohar relata: "Em seu nível neurológico mais simples, descrevi a inteligência espiritual como a capacidade de reformular ou recontextualizar nossa experiência; portanto, a capacidade de transformar a maneira como a entendemos."[10]

Existem três dimensões de inteligências fluindo em nossa mente. Pelo enfoque neurológico, tudo o que influencia a inteligência passa pelo cérebro e por seus prolongamentos neurais. Essas organizações neurais permitem ao homem formular pensamentos em três dimensões distintas.

A organização neural racional formula pensamentos que utilizam a parte esquerda do cérebro e que funcionam, de forma serial, em um modelo lógico e cartesiano, direcionado a dar respostas. Isso é chamado de QI (quociente intelectual) ou inteligência intelectual.

Outro tipo de organização neural é o modelo associativo, que aciona a parte direita do cérebro e é influenciada, em grande parte, por padrões registrados anteriormente, chamados de hábitos, direcionados à reação. Esse é o QE (quociente emocional) ou inteligência emocional.

Um terceiro tipo de organização neural utiliza os valores e o sentido superior da vida, com propósito estabelecido e fé transcendente. De forma criativa, gera pensamentos angulares, com perspectiva reformuladora e diferencial, além de ter o poder de transformar os pensamentos das inteligências anteriores (QI e QE). A terceira inteligência humana é a QS ou inteligência espiritual, considerada por mim a inteligência das inteligências, pelo seu poder de domínio e de controle das outras. No quadro a seguir é possível compreender melhor essa afirmação.

---

10. ZOHAR, Danah. QS: inteligência espiritual. Rio de Janeiro: Viva Livros, 2012. p. 53.

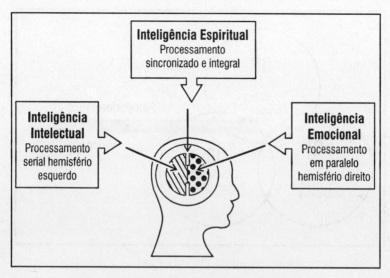

Figura 2: As três dimensões da inteligência[11]

A inteligência intelectual (QI) trabalha na órbita das habilidades, dos recursos e dos talentos naturais e aprendidos, organizando-os e aplicando-os a favor do ser.

A inteligência emocional, por sua vez, opera na órbita dos sentimentos e das emoções, na ótica da sobrevivência e em reações emergentes, impulsionando as vontades e os desejos.

A inteligência espiritual atua na consolidação das prioridades, colocando os atos e as experiências em um contexto de sentido e valor, levando foco ao propósito, dando sentido a novos pensamentos. A QS acaba por influenciar as outras inteligências (QI e QE) em direção ao propósito que realmente lhe interessa.

Dessa forma, pode-se entender que as habilidades, as capacidades e os talentos serão mais bem aproveitados, os recursos disponíveis do ser serão direcionados ao alvo certo, e as energias vinculadas serão bem utilizadas, gerando alta performance.

---

11. *As três dimensões da inteligência*. Elaboração do autor, 2014.

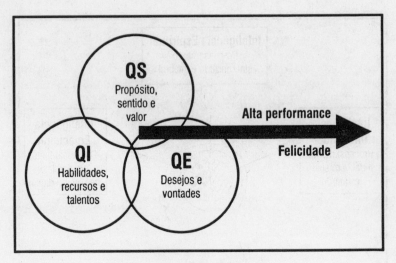

Figura 3: QS, QI e QE[12]

No início do ano de 2015, eu havia saído do trabalho em direção a uma festa de aniversário. Havia combinado com minha esposa de encontrá-la no local. Lembro-me de estar sentado à mesa quando o aniversariante me chamou, pedindo que me dirigisse à recepção da casa de festas. Achando o pedido estranho, me levantei e fui. Ao chegar, encontrei minha esposa sentada em um banco com um copo de água na mão. Quando me viu, ela veio em minha direção e me abraçou, chorando e dizendo: "Fui sequestrada!" Ela então me contou a história.

No momento em que ela estacionava o carro em frente à casa de festas, dois homens armados chegaram por trás e a abordaram, mandando que entrasse no carro e saísse imediatamente dali. Enquanto se dirigiam para caixas eletrônicos a fim de sacar dinheiro com os cartões dela, o outro indivíduo, no banco de trás, com a arma apontada para minha esposa, revirava sua bolsa para procurar dinheiro e coisas de valor. Rodaram com ela por favelas e lugares perigosos,

---

12. QS, QI e QE. Elaboração do autor. 2014.

até que se dirigiram a um McDonald's. A ousadia dos ladrões foi tão grande que entraram no drive-thru para comprar lanches e ainda ofereceram a ela. Ao final, perguntaram quem era seu marido, se era policial, e ela respondeu: "Não, o meu marido é pastor." Ao ouvirem isso, disseram: "Você é evangélica? Prove." Ela ligou o som do carro e estava tocando um CD da Eyshila, uma cantora evangélica. Eles então concluíram: "Não vamos levar o carro. Não queremos mexer com pastores e Deus."

Minha esposa estava muito abalada, e nós fomos direto para casa. Nessas horas é comum dar um calmante à vítima e tentar fazê-la dormir, mas não foi o que fiz. Sabendo como funciona a formação das memórias recentes e temporárias no hipocampo, o ciclo ultradiano e a consolidação das memórias de médio e longo prazo, optei por outra estratégia. Não quero que minha esposa tenha traumas e feridas na alma, absorvendo crenças que não a ajudarão em sua caminhada, abortando seu processo de desenvolvimento e felicidade.

Segurei nas mãos dela, em nosso quarto, e fiz uma oração. Disse: "Senhor, muito obrigado por minha esposa estar viva, por eu tê-la aqui comigo, por tua proteção e cuidado com ela..." Nessa parte da oração, eu estava gerando na mente dela a gratidão, uma das habilidades supremas da felicidade.

Continuando a oração, eu disse: "Meu Deus, também peço misericórdia diante desses meninos, que não sabem, de fato, o que estão fazendo. Não deixe que eles morram sem mudar de vida. Quem sabe agora suas mães estejam chorando por suas vidas erradas." Nessa parte, gerei compaixão e perdão na sua mente, também as habilidades supremas do Capítulo 9.

Continuei dizendo: "Senhor, eles levaram bens, dinheiro nosso, mas temos a certeza de que o Senhor nos dará saúde e inteligência para ganhar muito mais do que perdemos." Concluí a oração trabalhando a fé e a esperança.

Eu sabia que as coisas que aconteceram iriam com ela para a cama, e que à noite seu córtex se atualizaria com novas informações. Então, precisei usar a oração como ferramenta de fé, mas também como *reframe* (reenquadramento). O *reframe* é uma ferramenta de coach utilizada para ressignificar episódios que nos fazem mal. E o melhor momento de aplicá-lo é a hora do evento. Minha esposa foi dormir, seu hipocampo estava repleto de susto, medo e memórias ruins do assalto, mas agora, após a oração, essas memórias negativas passaram pelo filtro da sua espiritualidade. Ressignificadas junto com a lembrança, o seu córtex encontraria gratidão, perdão, compaixão, esperança e fé, armas poderosas, recheadas de dopamina (hormônio da felicidade) e ocitocina (hormônio do amor), reguladores naturais de cortisol, que eleva a autoestima e equilibra as emoções. Hoje, minha esposa tem apenas uma vaga lembrança daquele dia, e não um trauma.

Realizando mudanças poderosas

Após um acontecimento traumático, nunca durma sem dar ao seu cérebro um adequado *reframe* repleto de inteligência espiritual. Uma vez que o trauma se estabelecer, ele agirá como um veneno de cortisol e adrenalina no seu cérebro, intensificando o medo e a ansiedade, provocando diversas patologias ligadas à emoção, que são, na verdade, reações de sobrevivência do seu organismo.

A inteligência emocional está direcionada a gerenciar e filtrar três áreas específicas: satisfação, risco e relacionamento.

Quanto à satisfação, após receber os impulsos das interpretações externas, o sistema límbico irá gerenciar a captura de informações armazenadas em todo o cérebro, operando para garantir que você tenha boas recompensas, ou seja, recompensas neurologicamente positivas, que serão liberadas pelo núcleo acumbente através de neurotransmissores como dopamina. O sistema límbico vai estimular ou impedir ações ou reações para atender a essa demanda emocional.

Quanto ao risco, da mesma forma, o sistema límbico, ao receber as interpretações do mundo exterior e perceber algum tipo de risco ao organismo, aciona a amígdala a fim de saber se existe algum padrão registrado de defesa para aquela ameaça. Se houver, sem que o córtex pré-frontal (área executiva do cérebro responsável por decisões conscientes) seja acionado, a amígdala toma o controle cognitivo e deflagra uma atividade de sobrevivência. Isso é chamado de *hijack*, ou sequestro da amígdala, quando sua área executiva não opina nas decisões cognitivas.

No caso de a amígdala não ter um padrão registrado para essa ameaça, o gânglio basal, lugar onde se encontram os hábitos, poderá responder, mas também com pouca atividade no córtex pré-frontal. Essas reações são chamadas de instintivas; são padrões adquiridos por gerações passadas e registrados geneticamente em nosso DNA, acrescido da nossa própria história psíquica de autodefesa.

Quanto ao relacionamento, o sistema límbico recebe a interpretação do mundo exterior através do córtex e percebe, de acordo com os sinais recebidos, as interações relativas a aceitação, rejeição, amizade, inimizade, carinho, respeito, honra, desonra, além de outros filtros. O sistema límbico reagirá para se inserir ou rejeitar a inserção, para interagir ou se proteger de tal relacionamento. Na consulta das histórias anteriores, buscará uma resposta para reagir a um ambiente hostil ou agradável, seguro ou inseguro. A inteligência emocional não leva em conta fatores como valor, sentido superior, propósito, mas considerará a satisfação e o risco nos relacionamentos. Devido à ação reativa da inteligência emocional, é necessário usar a inteligência espiritual para garantir que a reação seja alinhada ao seu real propósito de vida, causa, objetivos e valores.

Dica: **IDENTIFIQUE, QUESTIONE E MUDE.**

Primeiro: Identifique o trauma.
Segundo: Questione:

a) o que aprendi com isso?
b) o que poderia ter sido pior?

Neste caso, encontre motivos de gratidão.
Terceiro: Por que devo ter compaixão de quem me feriu ou me fez mal?
Neste ponto, procure encontrar uma razão para essa pessoa ter feito o que fez e DESEJE o bem para ele ou ela.
Quarto: Perdoe, libere o ofensor, retirando, assim, o peso de si mesmo.
Observação: O reenquadramento acima transfere a situação traumática para o "quadro" das habilidades supremas descritas no Capítulo 9 deste livro. As profundas transformações neurológicas serão compreendidas após a leitura desse capítulo. O exercício deverá ser feito em uma folha de papel para que as respostas do novo enquadramento sejam repetidas por sete noites seguidas, momentos antes de dormir. Caso o trauma seja antigo, a repetição deverá ser aumentada para 21 dias seguidos.

CAPÍTULO 4
A INTELIGÊNCIA ESPIRITUAL (QS) E A CIÊNCIA

ou acesse o link: http://geracaodeinteligencia.com.br/
capitulo-4-a-ciencia-e-a-inteligencia-espiritual

"O universo começa a parecer-se mais com uma grande ideia do que com uma grande máquina."

David Bohm

A inteligência espiritual é a inteligência do espírito que trabalha visando a essência da alma pura, no sentido de enfraquecer a força dos eventos da história psíquica de uma pessoa (traumas), facilitando o propósito de vida.

Fiquei extremamente impactado quando ouvi pessoalmente o testemunho da Missionária Helen Berhane, 45 anos, hoje cantora gospel, que foi confinada em um contêiner, na Eritreia, por 32 meses, por ter praticado o "crime" de anunciar o evangelho de Jesus Cristo a pessoas nas ruas e igrejas clandestinas daquele país.

Localizada no nordeste da África, a Eritreia é uma nação que persegue cristãos. Segundo Helen, no livro *Canção da liberdade*, cerca de 10% dos cristãos eritreus estão presos atualmente e cerca de 50%

dos cristãos já estiveram encarcerados em algum momento da vida, o que seria a maior perseguição vivida nesse país.

Helen, que hoje vive na Dinamarca com a filha Eva, de 20 anos, foi torturada diversas vezes, mas nunca desistiu do seu propósito. Entendia isso como uma missão:

Perguntada pelo jornal *O Clarim* se, em algum momento, pensou em desistir do evangelho, negar sua fé e negar Deus, Helen responde, categoricamente:

> Não! Quando eu era adolescente, aprendi que, quando Deus permite uma prova, a gente precisa passar por ela. Se a gente não passar, não cresce. Para mim, sempre foi muito claro que o Cristianismo custava um alto preço. Eu sempre compreendi que Deus controla todas as coisas, então eu não posso ficar culpando-o pelo que acontece; antes devo clamar e confiar.

Na noite em que ouvi o seu testemunho, algo me chamou muito a atenção. Ela contou que, em um dos dias, o policial que a espancou com um bastão a deixou praticamente morta no chão. Depois, puxou-a pelos cabelos e, olhando para o seu rosto ferido, perguntou: "Você não vai desistir? Por que você não acaba com isso agora? O que você tem a me dizer?" E ela respondeu ao policial: "Faça o seu trabalho que eu faço o meu."

A história de Helen Berhane é bem difundida pela internet, em livros e em testemunhos no YouTube. Acesse se você quiser conhecer melhor a história. Para nós, esse relato é um exemplo do que a ciência tem começado a entender sobre o poder do ponto de Deus. Quando uma pessoa possui propósito e valor superior, sua fé, baseada em um sistema de crenças, dá significado a tudo o que se apresenta circunstancialmente em favor de uma compreensão positiva e benéfica, no sentido de que, no final, tudo vai dar certo; o nome disso é inteligência espiritual.

"Se não puder voar, corra. Se não puder correr, ande. Se não puder andar, rasteje, mas continue em frente de qualquer jeito."

Martin Luther King Jr.

A QS tem o poder de curar, revitalizar, harmonizar, equilibrar e fazer um indivíduo íntegro de corpo, alma e espírito. A maneira com que ela se processa no cérebro humano nos ajuda a compreender esse poder.

O *ponto de Deus*

A descoberta do "ponto de Deus" — amplamente estudado pelo neuropsicólogo prof. Dr. Michael Pesinger da Laurentian University no Canadá e pelo neurocientista prof. Dr. Vilayanu Ramachandran, diretor do centro de estudos do cérebro e da cognição da Universidade da Califórnia — demonstra um local interno onde se centralizam as experiências espirituais nos lobos temporais do cérebro humano, que é desenvolvido a ponto de o indivíduo perceber valores, sentido de vida e propósito, tornando a mente humana mais criativa e sensível à consciência global. É importante destacar que ambos cientistas não tiveram a intenção de provar a existência de Deus, mas de alguma forma facilitaram a compreensão daqueles que acreditam.

Outros trabalhos científicos, como o do neurologista e antropólogo Terrance Deacon sobre a linguagem e os simbolismos, também deixam claro que o desenvolvimento de um sentido para vida está inteiramente ligado ao desenvolvimento de cadeias neurais no lobo temporal, auxiliando o ser humano no seu crescimento e desenvolvimento saudável do eu.

O ser humano utiliza a sua QS para desvendar caminhos que se manifestam além de seus sentidos, guiando a si mesmo por uma força espiritual interna. A QS tem por si a capacidade de tornar o ser humano menos ansioso, neurótico, agressivo, bruto e desequilibrado e fazê-lo mais atencioso às relações, mais sereno, resiliente e determinado, tornando-o uma pessoa melhor.

Em grande parte dos nossos pensamentos utilizamos a QI (Quociente Intelectual) que são processamentos em série, como vimos no capítulo anterior. Também em volume acentuado usamos a QE (Quociente Emocional) que está relacionada ao pensamento associativo que é originariamente emocional, fazendo elo entre as sensações e emoções do corpo.

A QE diferentemente da QI não se desenvolve compartilhando informações. Cada ser humano possui sua própria experiência gerando suas próprias redes e cadeias neurais. Isso cria nossa identidade pessoal. Por mais que duas pessoas possuam a mesmas informações, elas serão distintas por suas experiências emocionais.

A forma de se desenvolver a QE é trabalhando as reações do sistema límbico, que podem ser feitas de forma direta, como vemos em muitos institutos de coaching. Mas a forma mais efetiva e funcional, muito embora pouco difundida ainda, me fazendo um dos poucos precursores, é desenvolvendo a QS.

O que os estudos demonstraram é que algo diferente ocorre no cérebro para o ser humano ser consciente de suas experiências, bem como do significado amplo delas, podendo gerenciar, especular, projetar e planejar seus resultados, o que faria dele um indivíduo mais feliz, de capacidade criativa, intuitiva e de insights.

A frequência gama de 40hz

Estudos de registros gráficos com EEG (Eletroencefalograma) detectaram ondas cerebrais de nível Gama coerentes em 40Hz em práticas de meditação e insights. Os cientistas descreveram essas experiências como conteúdo de consciência entrando em estado de unidade.

Estamos falando aqui de oscilações coerentes de neurônios individuais localizados em diferentes regiões do cérebro que se reúnem em unidade numa região do lobo temporal, formando consciência, sentido ou insight. Este local foi chamado de "ponto de Deus" no cérebro e esse mecanismo, que é resultado de uma outra forma de processamento cerebral, foi denominado Inteligência Espiritual, a QS, devido ao fato das informação utilizarem o modelo de ondas para trafegar.

Desenvolver a QS é evoluir em experiências que levam o indivíduo a um nível mais completo de existência, não estamos falando de um estado mental apenas, mas de um saber e de um ser transcendente.

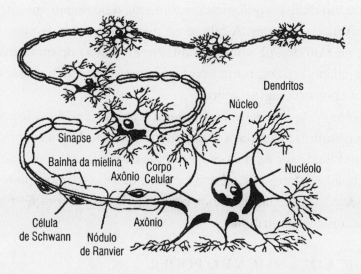

Isso leva a pessoa para além do momento presente, para o ambiente da eternidade, para o mundo do Criador. Viver, pra esse indivíduo, não será experimentar dias e anos, mas construir algo para além das fronteiras, expandir os limites da sua própria experiência e conhecimento e colocar tudo em um contexto mais amplo. Podemos chamar isto de conexão ampliada com o universo, experiência com o Deus ou contato com o Criador de tudo.

As oscilações neurais citadas anteriormente estão associadas aos campos eletromagnéticos gerados pela passagem da informação do núcleo do neurônio pelo axônio, em direção aos dendritos, que vibram e não chegam a disparar. Não havendo, assim, sinapses.

Esse processo demonstra uma desassociação entre mente e cérebro, algo que também acontece no momento do sonho, devaneio, transe e estados alucinógenos. Acontece quando o cérebro se desliga do processo do mundo externo para seus processos internos. Esses processos da mente só são possíveis devido aos campos eletromagnéticos. Esta comunicação através de ondas já é conhecida e explorada pelo homem (rádio, TV, satélites, WiFi etc).

Hoje, uma boa parte da comunidade científica, devido ao desenvolvimento da física quântica, compreende o dualismo que admite existir duas realidades. A que se vê, no mundo físico, e a que não se vê, no mundo subatômico, também chamado de quântico ou espiritual, onde o comportamento das partículas são diferentes e a física de Newton não se aplica.

Diante destas verdades, a fronteira entre a ciência e a fé começam a diminuir. Não que a fé dependa disso, muito pelo contrário, ela deixaria de ser fé, mas esses pontos de contato fazem, ao meu ver, a beleza da nossa existência e explicam coisas como o poder da compaixão, do perdão, do amor, e principalmente da oração, forças essencialmente espirituais.

A FÍSICA QUÂNTICA E O PODER DO MUNDO ESPIRITUAL

Parecia ser uma noite como outra qualquer. Cheguei cansado em casa, após um dia intenso de trabalho e estudos. Tomei um banho quente, jantei, fiz minha oração noturna e deitei-me para mais uma madrugada de descanso. Por volta das quatro horas da manhã, fui despertado por uma voz que falava dentro da minha mente: "Djalma, ajoelhe-se e ore, sua família precisa de você." Saí do quarto meio sonolento ainda e fui em direção à sala, onde me ajoelhei próximo à janela, em obediência àquela voz que me instruía, mesmo sem saber o motivo daquela oração.

Uma angústia atingia meu coração, de forma que a oração se tornou intensa e emotiva. Vi-me naquela madrugada rogando por um milagre desconhecido. Minha mente vagava por toda a minha família. Podia ver a imagem de todos eles na minha mente. "Quem estaria precisando de um milagre?", pensava eu. Em meio às lágrimas e com voz embargada, disse: "Deus, por favor, conceda o milagre que a minha família está precisando nesse momento, por seu filho Jesus, amém!"

Terminada a oração, retornei à minha cama, me deitei e logo adormeci.

Por volta das 5h20 da manhã, o telefone tocou. Minha mãe despertou e atendeu. Era minha tia Marlene, irmã gêmea dela, que, aos prantos contava o motivo de sua angústia.

Disse ela que, por volta das 4 horas da manhã, dera entrada num hospital, com a neta em seus braços, desfalecida e com febre alta, e fora imediatamente diagnosticada com meningite. O médico disse: "Se a senhora acredita em milagres, essa é a hora de pedir."

"Naquele momento", contou ela, "veio à minha mente o meu sobrinho Djalma. Conheço o quanto ele é uma pessoa espiritual e de fé. Então implorei ao Deus do meu sobrinho que, se Ele existisse mesmo, curasse a minha neta. Alguns minutos depois, o médico retornou com a menina, declarando que, de uma forma miraculosa, a febre estava baixando e que o quadro dela havia se alterado completamente. A menina foi curada, e não ficou com sequela alguma. Isso só pode ter sido um milagre!"

O que aconteceu de fato naquele dia? Várias perguntas podem surgir aqui.

Como a oração da minha tia me despertou no mesmo horário a quilômetros de distância? Por que a voz que ouvi me despertando naquela madrugada não foi a da minha tia, mas uma intermediária? Por que Deus me acordou para realizar a cura? Ele não poderia ter agido sozinho? Como a minha mente soube exatamente que era a respeito da minha família? Que tipo de conexão há entre o meu cérebro e o de outros? Como o poder de uma oração a quilômetros de distância pôde alterar uma realidade física?

É sobre essas coisas que este livro trata. O poder por trás da inteligência espiritual descoberto recentemente pela ciência.

A ciência já descobriu que os padrões de matéria, de energia e de informação do universo são padrões subatômicos que não funcionam nos modelos da física entendida por Isaac Newton. No modelo de Newton, as partículas atômicas são independentes. Mas, com descobertas mais recentes da física quântica, que é a física que estuda o comportamento subatômico, os cientistas descobriram que os elétrons são conectados ou possuem interconexões entre si. Isto seria o poder de influência entre uma e outra partícula, mesmo que elas estejam separadas.

Uma experiência muito conhecida, chamada de *dupla fenda*, abriu as portas para a compreensão deste mundo subatômico, bem como das realidades espirituais ou do que a ciência chama de *quântico holográfico*.

A dedução dos cientistas da época, ao fazerem a medição do experimento desses elétrons e notarem que, quando se tentava observar (medir) o experimento, o corpúsculo sempre se apresentava como partícula, e não como onda, e que, quando não se observava (media) o experimento, o corpúsculo se comportava como onda, e não como partícula.

A dedução foi a seguinte: o corpúsculo sabia quando iria ser medido e, por isso, comportava-se como partícula; quando sabia que não seria medido, comportava-se como onda, atravessando as duas fendas ao mesmo tempo. Isso significa que todo evento sofreria interferência do observador.

Mas isso significaria também que, de alguma forma, a partícula teria um tipo de consciência ou informação para saber ou sentir quando estava sendo observada ou não e se comportar de acordo com o evento observacional.

Outra dedução foi a de que a partícula, em estado de onda, poderia estar em dois lugares ao mesmo tempo, podendo atravessar as duas fendas em um mesmo instante.

O que exatamente os cientistas começaram a entender é o que algumas pessoas já exercem por meio da espiritualidade. Há uma ligação entre os nossos pensamentos e os pensamentos de outros, e entre os nossos pensamentos e o mundo, como se tudo estivesse conectado a um propósito divino que ligaria o homem a tudo que o cerca.

Aqui se abre uma porta para o entendimento do que acontece com uma oração, quando o pensamento de uma pessoa, acionando um mecanismo de fé, chega a outra localidade geográfica, exercendo influência física, capaz de mudar uma circunstância.

Provavelmente você já deve ter tido uma experiência em que, estando dentro de casa, lhe veio o pensamento de que alguém que ama ou com quem se relaciona sofreu algum tipo de acidente ou dano e, logo em seguida, recebeu a notícia de que realmente algo aconteceu àquela pessoa. Isso é comum; acontece com todo ser humano, e é uma prova do funcionamento da inteligência espiritual.

Podemos observar o quanto essas experiências influenciaram o mundo científico pelos pensamentos de David Bohm, físico que é considerado um dos principais cientistas da teoria quântica pelo seu trabalho de reinterpretação. A teoria quântica, na interpretação usual, atribui à função que descreve sistemas quânticos, como átomos e moléculas, um significado essencialmente probabilístico, obtendo com isso uma recuperação do determinismo próprio à física clássica.

"Nada acontece por acidente. Cada acontecimento isolado é parte do que precisa acontecer agora."

David Bohm

Outro experimento muito interessante, que demonstra claramente a influência do pensamento e da espiritualidade no mundo físico, é "a mensagem da água", do Dr. Masaru Emoto.

Masaru Emoto é doutor em medicina alternativa pela Open International University. Ele acreditava que as emoções humanas eram capazes de alterar a estrutura dos cristais de água, e testou isso no experimento chamado "a mensagem da água". Emoto congelava água limpa e, durante o processo de congelamento, reproduzia composições de Bach, Beethoven e Mozart. O resultado foram cristais belíssimos e delicados, ao contrário do que ocorreu com a água congelada ao som de heavy metal, que gerou cristais deformados.

Depois da experiência com a música, o Dr. Emoto submeteu um grupo de amostras de água ao som de palavras bonitas como *obrigado, amor, gratidão*; e submeteu outro grupo de água a termos negativos como *vou te matar, ódio, estúpido*. O resultado dos cristais comprovou o que já imaginávamos.

O trabalho do Dr. Emoto revela quão ligadas estão a água e a consciência individual e coletiva do ser humano, que é composto por 70% de água.

Palavras são expressões do espírito. Elas refletem o que há no espírito. Logo, ao se deixar levar para estados de raiva, ódio e frustração, a água que há dentro de você retribui com tristeza e sofrimento.

Essa experiência do Dr. Emoto se mostra uma ferramenta poderosa para o processo de mudança de percepção. Ela é uma evidência profunda de que você pode curar positivamente e transformar a si e aos que o cercam, pela maneira como coloca os seus pensamentos.

O mundo espiritual reflete diretamente no mundo físico, alterando cursos, definindo padrões, guiando comportamentos na direção do propósito divino para essa criação, onde estamos todos conectados.

O CÉREBRO HUMANO É ESPIRITUAL

A importância da descoberta do *ponto de Deus* aumenta a medida em que se discute amplamente os benefícios da espiritualidade para o ser humano, e assim outras questões surgem. Será que o cérebro humano pode ser chamado de cérebro emocional? Ou será que deveríamos chamá-lo de espiritual, já que a comunicação espiritual se processa para o bem de todo o organismo, e o faz se sobrepondo às outras inteligências? Se esses benefícios são tão perceptíveis, ao ponto dos institutos e clínicas de psicologia, terapia e coaching trabalharem o desenvolvimento de características espirituais, por que ainda se continua chamando este processo de "desenvolver a inteligência emocional"?

Não se tem dúvidas de que o cérebro humano percebe e decodifica informações do universo e do próprio criador em si mesmo. Através de ondas, somos capazes de perceber e sentir o peso negativo nos ambientes, bem como a positividade. Recebemos informações externas sem de fato vê-las aos olhos naturais. Tudo isso tem lugar no cérebro, por onde as informações chamadas pela ciência de não localizadas ou espirituais se tornam acessíveis ao ser humano.

O *ponto de Deus* parece ser essa antena receptora das informações espirituais. Mas tão interessante quanto a função exercida por ele, é a região onde se localiza. Sua atividade ocorre na região mais importante para o processo cognitivo humano, agindo como se fosse um filtro espiritual para ajustar o nosso comportamento ao propósito. Vejamos:

Diretamente relacionada à formação de quem somos, ele se encontra na região temporal, a qual — apesar do que possa parecer em função do nome — não tem nada a ver com tempo, e sim com o processo de memórias e percepções. É nela que reconhecemos os objetos em geral e associamos o sentimento àquelas imagens percebidas, além de ser onde se dá a compreensão da linguagem, em uma região chamada de área de Wernicke, que, por sua vez, associada à espiritualidade e à consciência, nos faz diferentes dos outros animais.

É interessante que a nossa espiritualidade se manifeste na região que nos diferencia dos animais e nos gera a identidade. Isso ocorre por meio da formação da inteligência do indivíduo, que se manifesta através da personalidade, como que declarando, O SER HUMANO é um SER ESPIRITUAL e não emocional.

No lobo temporal se encontra o sistema límbico, responsável pelo processamento das emoções das quais necessitamos de controle.

Nessa região está a AMÍDALA, que é um grupo de neurônios responsáveis pela manifestação dos padrões de reações emocionais. Esse grupo armazena todo o conteúdo emocional relevante à sobrevivência, além de ser o regulador do comportamento sexual e da agressividade, bem como de sentimentos como amor e paixão. Sem o controle da espiritualidade, a amídala pode tornar a vida desse indivíduo um verdadeiro inferno de brigas, ciúmes, revanchismo, paixões sem controle, ou fuga dos desafios por medo de resultados estressantes, tornado o indivíduo improdutivo e disfuncional.

Também nessa região está localizado, o HIPOCAMPO, que processa as memórias recentes e temporárias e nutre o córtex com informações novas para a formação das memórias permanentes, base da nossa inteligência. Uma vez que o indivíduo desenvolva a sua QS, todas as informações aprendidas serão filtradas por uma percepção cheia de sentido, propósito e valores, para que não se torne um trauma ou uma crença limitante que atrapalhará a tomada de decisões no futuro.

Outra região também muito importante é o HIPOTÁLAMO, que funciona como uma ponte entre o sistema límbico (emocional) e o sistema endócrino. É ele que aciona, depois de compreender a percepção do indivíduo, o sistema endócrino para a emissão do hormônio (neurotransmissor). Ele determina qual o hormônio e a sua quantidade. Filtrar espiritualmente essa região significa controlar a intensidade de um medo para que não se torne pânico, de uma ansiedade para que não se torne doença, de uma paixão para não virar loucura e de um desprezo para não desencadear autoestima baixa.

Sendo assim, entendemos que quando nos tornamos pessoas de comportamentos espirituais, o ponto de Deus influenciará fortemente as áreas responsáveis pelo nosso sucesso e felicidade, tais como a percepção, as emoções, as memórias conscientes e inconscientes, registradas e a serem registradas, as associações de sentimentos quanto à linguagem e às imagens e o controle hormonal.

O PONTO DE DEUS E A FORMAÇÃO DA INTELIGÊNCIA

Para que você entenda melhor, observe as duas figuras a seguir, que, apesar de estarem em posições opostas, mostram claramente a localização do que é chamado de *ponto de Deus* e dos sistemas intimamente ligados a ele:

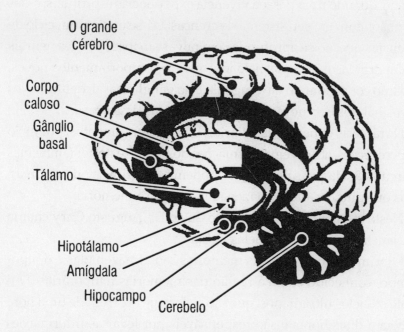

Gânglio basal e sistema límbico

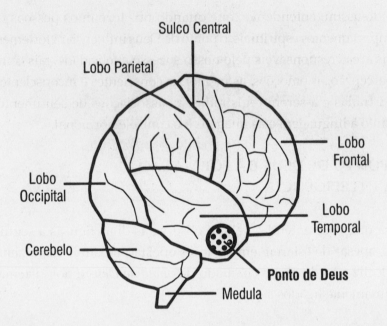

As figuras, bem como os estudos científicos, sugerem a compreensão de que, quando uma pessoa vivencia experiências espirituais, essas se consolidam em seu sistema de crenças. Dá-se início a um ciclo de vivências que, ao se aprofundar em novas sinapses e redes neurais recém-criadas (neuroplasticidade), geram comportamentos novos, que irão consolidar-se na amígdala e no gânglio basal, definindo os novos hábitos e as novas reações emocionais dessa pessoa.

Durante as experiências diárias, os seus pensamentos, por meio de percepções, absorvem informações do mundo exterior (ambientes e circunstâncias). As percepções podem ser positivas ou negativas, boas ou ruins, e serão armazenadas em nossa memória.

Neste momento, lembramos do que o Dr. Augusto Cury chama de "janelas killers" ou "janelas lights".

O primeiro local onde as memórias são armazenadas é o hipocampo, conhecido como a região das memórias temporárias. Durante os ciclos ultradianos, que são ciclos que ocorrem de uma hora e meia a duas horas e são responsáveis por levar as informações temporárias ao córtex, ou à noite, durante o sono REM, quando você está sonhando, e os seus olhos se movimentam rapidamente, há um diálogo entre sua mente e o seu cérebro, de maneira que tudo aquilo que o hipocampo aprendeu, guardou e memorizou será consolidado no córtex cerebral. Se você estuda, aprende, tem um insight e não dorme, não consolida a memória; fica só com a memória temporária. Se você armazenar memórias, comportamentos e aprendizagens e dormir, seu hipocampo pode ser retirado que você não perderá essas informações, pois a memória já foi consolidada.

Sendo assim, tudo depende da percepção que for gerada pela sua mente. Se essa percepção for de ordem espiritual, será considerado o seu senso de propósito e valor, de modo a ver as coisas sempre de maneira positiva e com uma significação favorável ao seu bem-estar. Se for de ordem emocional, operando de forma reativa, sob a ótica dos seus traumas vividos ou fragmentos da alma, irá configurar-se tão somente numa tentativa de sobreviver em meio às adversidades, aplacando, assim, sentimentos desfavoráveis e ruins. Uma coisa ou outra será registrada no hipocampo e, posteriormente, consolidada no córtex.

Para entender a importância do ponto de Deus e das percepções espirituais, vale considerar que essas percepções mentais, boas ou ruins, são transformadas por meio das glândulas, em um processo chamado de *transdução do pensamento*. Trata-se do momento em que o pensamento eletroquímico se torna hormônio. Os neurotransmissores, mensageiros químicos do cérebro, viajam pela corrente sanguínea para levar as informações às células, de maneira a comunicar-se com elas para cumprir uma demanda que será respondida pelo DNA, programa instalado no interior da célula que constrói as cadeias de proteínas necessárias a essas respostas biológicas. O gene biológico (inteligência biológica) é um programa que trabalha em prol da sobrevivência. A célula tem dois tipos de comportamentos: ou ela cresce e reproduz, ou se protege. Ou o sinal é positivo, e a célula trabalha em função do crescimento; ou o sinal é negativo, e ela trabalha em função da proteção.

A informação positiva ajuda a construir sentimentos positivos em direção ao amor, gerando em todo o corpo mais imunidade, vida, renovação e inteligência. A informação negativa constrói sentimentos negativos em direção ao MEDO, gerando em todo o corpo estresse, baixa imunidade, enfermidades, redução da inteligência e da concentração de energia para lutar ou fugir.

Quanto à redução da inteligência, ela acontece devido à concentração das energias nas áreas cognitivas para lutar ou fugir, reduzindo ou neutralizando o uso do córtex-frontal, área executiva de onde partem as decisões pensadas.

O Dr. Daniel Goleman afirma que, no momento em que uma reação emocional forte é deflagrada, a amígdala envia uma resposta agressiva ao sistema cognitivo para uma ação, sem que o córtex pré-frontal seja acionado, e a isso ele dá o nome de *sequestro da amígdala*. Esse é o momento que precede aquela dor na consciência: "Onde eu estava com a cabeça?" Você tem certeza de que, se tivesse pensado, não teria feito aquilo. Esse é um exemplo claro de reação emocional, e não espiritual.

Uma pessoa espiritual possui o grande poder de ressignificação, isto é, de transformar sentimentos ou memórias ruins em boas e produtivas para o seu propósito. Ela possui um poder de superação maior do que uma pessoa que não utiliza a espiritualidade como estilo de vida.

Entre as personalidades conhecidas que ilustram bem esse poder de elevada inteligência emocional (QS), cito Jesus Cristo, Gandhi, Martin Luther King e Nelson Mandela. Eles conseguiram superar sofrimentos extremos pela força da fé e do propósito.

"Os homens que movem o mundo são os que não se deixam mover pelo mundo."

Dwight L. Moody

REALIZANDO MUDANÇAS PODEROSAS COM A QS

Uma história bíblica tremendamente impressionante é a do hebreu José. Ele ainda era jovem quando sonhou ser grande e acreditou nesse sonho. O que o garoto talvez não soubesse era que o sonho revelado pelo Criador a ele era o seu propósito de vida.

Nos sonhos revelados, José viu sua família se curvar diante dele, em reverência. Tais sonhos atraíram a inveja de seus irmãos, que ameaçaram matá-lo e, destilando ódio, colocaram-no em um buraco profundo, uma espécie de cova, para que ali José morresse. Depois de uma longa discussão, os irmãos resolveram vendê-lo para uma caravana de mercadores de escravos árabes que passava pela região.

Uma vez vendido, José foi levado ao Egito e acabou na casa de Potifar, onde conseguiu recuperar um estilo de vida mais humano e obter alguma dignidade, chegando a gerenciar a propriedade de seu senhor. Isso até ser caluniado pela esposa de Potifar, quando foi questionado o único bem que José possuía e valorizava: o caráter.

Posto na prisão, o tempo revelaria, mais uma vez, a bondade, o talento e o chamado de José. Em pouco tempo, caiu nas graças do chefe da guarda da prisão, de quem se tornou uma espécie de braço direito e gestor. Passado mais algum tempo ali, surgiu a oportunidade de José revelar o sonho de duas pessoas recém-chegadas à prisão. Eram dois homens que haviam trabalhado diretamente para o faraó. Nos sonhos revelados por José, o copeiro-chefe seria restaurado ao seu serviço junto ao faraó, mas o padeiro-chefe seria morto. Essas revelações logo se mostraram corretas, pois tudo se cumpriu como José falou. O copeiro havia prometido a José que falaria dele ao faraó, para que o tirasse da prisão, mas isso não aconteceu de imediato, pois o copeiro se esqueceria de José por dois anos.

Diante de tantos dissabores, decepções, traições, invejas e perseguições empreendidas por pessoas próximas a José, às quais ele dedicara afeto e serviço, não seria incomum José se transformar em alguém rude, cheio de traumas, sem amor, desacreditado do mundo, das pessoas, de Deus, ou mesmo que ele se tornasse depressivo e sem sonhos. Surpreendentemente, José demonstrou ter uma inteligência espiritual elevada, não perdendo o senso de propósito e de valor superior. Isso chamaria a atenção do soberano do Egito.

> E disse Faraó a seus servos: Acharíamos um homem como este em quem haja o espírito de Deus? Depois disse Faraó a José: Pois que Deus te fez saber tudo isto, ninguém há tão inteligente e sábio como tu.
>
> Gênesis 41.38-39

E o faraó concluiu:

> Tu estarás sobre a minha casa, e por tua boca se governará todo o meu povo, somente no trono eu serei maior que tu. Disse mais Faraó a José: Vês aqui te tenho posto sobre toda a terra do Egito. E tirou Faraó o anel da sua mão, e o pôs na mão de José, e o fez vestir de roupas de linho fino, e pôs um colar de ouro no seu pescoço. E o fez subir no segundo carro que tinha, e clamavam diante dele: Ajoelhai. Assim o pôs sobre toda a terra do Egito.
>
> Gênesis 41.40-43

Depois que o faraó o abençoou com um cargo elevado e uma esposa, José se tornou pai de dois filhos. Então, José revelou seus sentimentos e desnudou a alma na escolha dos nomes das crianças. O primeiro filho ele batizou de Manassés, cujo significado seria "Deus me fez esquecer de todo o meu trabalho [o sofrimento que tive aqui] e de toda a casa de meu pai" [o que meus irmãos me fizeram]. No segundo filho, José pôs o nome de Efraim, cujo significado seria "Deus me fez crescer [amadurecer como pessoa e prosperar] na terra da minha aflição" (Gênesis 41.50-52).

Então, já como governador do Egito, José teria a chance de se vingar de seus irmãos, uma vez que, como se não bastasse o que fizeram diretamente a ele, quase mataram o pai ao mentirem sobre a morte de José, um filho tão estimado. Contudo, o comportamento de José novamente surpreendeu. Contrariando as reações normais da maioria dos seres humanos, José perdoou seus irmãos em uma cena impressionante relatada em Gênesis 45.1-11, cuja transcrição vale a pena:

Então José não se podia conter diante de todos os que estavam com ele; e clamou: Fazei sair daqui a todo o homem; e ninguém ficou com ele, quando José se deu a conhecer a seus irmãos. E levantou a sua voz com choro, de maneira que os egípcios o ouviam, e a casa de Faraó o ouviu. E disse José a seus irmãos: Eu sou José; vive ainda meu pai? E seus irmãos não lhe puderam responder, porque estavam pasmados diante da sua face. E disse José a seus irmãos: Peço-vos, chegai-vos a mim. E chegaram-se; então disse ele: Eu sou José, vosso irmão, a quem vendestes para o Egito. Agora, pois, não vos entristeçais, nem vos pese aos vossos olhos por me haverdes vendido para cá; porque para conservação da vida, Deus me enviou adiante de vós. Porque já houve dois anos de fome no meio da terra, e ainda restam cinco anos em que não haverá lavoura nem sega. Pelo que Deus me enviou adiante de vós, para conservar vossa sucessão na terra, e para guardar-vos em vida por um grande livramento. Assim, não fostes vós que me enviastes para cá, senão Deus, que me tem posto por pai de Faraó, e por senhor de toda a sua casa, e como regente em toda a terra do Egito. Apressai-vos, e subi a meu pai, e dizei-lhe: Assim tem dito o teu filho José: Deus me tem posto por senhor em toda a terra do

Egito; desce a mim, e não te demores; e habitarás na terra de Gósen, e estarás perto de mim, tu e os teus filhos, e os filhos dos teus filhos, e as tuas ovelhas, e as tuas vacas, e tudo o que tens. E ali te sustentarei, porque ainda haverá cinco anos de fome, para que não pereças de pobreza, tu e tua casa, e tudo o que tens.

A inteligência espiritual (QS) elevada de José o fez ressignificar todos os seus sofrimentos, de forma a entender o propósito divino diante da sua vida e dos acontecimentos difíceis que lhe sucederam.

DICA: Uma mente espiritual que vive por um propósito promove pensamentos positivos, então:

✓ Não sinta pena de si mesmo.
✓ Não diga que a sorte não está contigo.
✓ Não compare seus problemas aos dos outros.
✓ Não diga que é malcompreendido.
✓ Não se sinta injustiçado. Não pense que o mundo está contra você.
✓ Não inveje as conquistas dos outros; antes, treine seu cérebro para celebrar a vitória dos outros.
✓ Construa uma mente confiante, porque Deus está contigo. É muito importante você entender que, quando não tem confiança em si mesmo, toda a sua autoestima dependerá da forma como os outros enxergam você. Isso irá deixá-lo muito vulnerável à opinião alheia.
✓ Troque o "não posso" pelo "Deus pode!".
✓ Não se relacione com quem só pensa em derrota, e sim com vencedores.

DESVENDE O PODER DA INTELIGÊNCIA ESPIRITUAL

✓ Não use sua memória como dreno de esperança. Em Lamentações 3.21, é dito: *Quero trazer à memória aquilo que me dá esperança.*
✓ Não pense em agradar os outros. Pense em agradar a Deus.
✓ Não negocie seus valores.

EXERCÍCIO

Este próximo exercício precisa ser feito em um local sem barulho e privado; longe da presença de pessoas.

Assinale, no quadro a seguir, os seus cinco valores principais. Numere por ordem de importância.

Quadro de levantamento de valores

Família	Criatividade	Amor
Religião	Integridade	Lealdade
Trabalho	Compaixão	Entusiasmo
Liderança	Igualdade	Humildade
Humanidade	Ajudar ao próximo	Paz
Espiritualidade	Honestidade	Desapego
Bondade	Harmonia	Imparcialidade
Força	Perspicácia	Autocontrole
Perdão	Estabilidade	Visão de futuro
Justiça	Alegria	Confiança
Responsabilidade	Cidadania	Humor

> Descreva abaixo seus cinco valores em ordem de importância. Do maior para o menor:
>
> 1. _____
> 2. _____
> 3. _____
> 4. _____
> 5. _____

Ao tomar suas decisões, sempre pergunte a si mesmo: "o que o meu valor (aquilo que é importante para mim) perde e o que o meu valor ganha com isso?". Seja sincero e não deixe nada de fora. Se for preciso, faça isto com relação aos cinco valores que você assinalou. A resposta que você procura vai saltar diante de você.

PARTE II
INTELIGÊNCIA, DESENVOLVIMENTO, PROPÓSITO E VALOR

A ciência tem mergulhado fundo nas questões do mundo quântico, do mundo invisível, mas tão real quanto o mundo físico que podemos ver. Hoje, muitas tecnologias que possuímos, tais como os celulares, os satélites, as ressonâncias, já se utilizam dos padrões de matéria e energia do universo para seu funcionamento

Computadores quânticos já têm sido comercializados. A NASA já divulgou que utiliza em seus estudos computadores quânticos.

Mais recentemente, no final de 2014, o Google anunciou a criação de um laboratório quântico de inteligência artificial em parceria com a NASA e com a Universities Space Research Association (USRA — Associação de Universidades com Pesquisas Espaciais dos Estados Unidos). Para isso, as organizações adquiriram um computador da D-Wave Systems, a primeira empresa do mundo a comercializar computadores quânticos. Esse equipamento foi instalado no centro Ames da NASA, na Califórnia. Em tese, o computador permitirá avanços em inteligência artificial e na resolução de uma série de problemas da ciência da computação, com os quais as máquinas atuais não conseguem lidar.

Os computadores quânticos não se apoiam nas leis da física de Newton, segundo as quais a luz era o componente mais rápido no universo. Agora, informações em padrões instantâneos estão sendo utilizadas, bem como o fato de as partículas poderem ocupar dois lugares ao mesmo tempo. O domínio dessas leis mais recentemente descobertas torna esses equipamentos infinitamente mais rápidos do que os mais potentes no mundo.

Como vimos no capítulo anterior, as dúvidas sobre questões espirituais já estão bem esclarecidas. Chegamos a uma era em que não se discutirá mais a existência ou não da espiritualidade ou a existência de Deus, da ligação entre as partículas universais e do funcionamento do universo, mas sim os seus efeitos.

Acredito que devemos refletir bastante sobre o fato de possuirmos um Criador e sobre não haver dúvidas, segundo o meu entendimento, para quem estuda um pouquinho, mesmo que se considere alguém de pouca fé, o fato de que as coisas foram muito bem organizadas por Ele e de que é a nossa intervenção inconsequente que prejudica essa ordem. Devemos nos voltar para Deus, para essa restauração.

"Um pouco de ciência nos afasta de Deus. Muito, aproxima-nos."

Louis Pasteur

As descobertas científicas nos levam a um nível de questionamento dentro de nós. Estamos cumprindo nosso propósito nesta vida e nesta casa onde fomos inseridos, o planeta Terra? Qual seria esse propósito? De que precisamos para realizá-lo?

Apesar de as duas primeiras perguntas serem bem pessoais, não podemos ignorar que, se somos criaturas do mesmo Criador e temos responsabilidades comuns, nos cruzamos no contexto geral. Toda essa conectividade está devidamente testada nas diversas esferas, até mesmo a científica. Sendo assim, se individualmente buscarmos essa direção divina em nós, seremos todos levados pela mesma força sustentadora do universo a caminhar na direção certa.

Dessa forma, convido você a seguir em frente comigo e desvendar o mistério de como Jesus Cristo trabalhou para desenvolver a espiritualidade em seus discípulos; espiritualidade essa que é a força que conduz ao propósito e a uma vida perfeitamente encaixada nos propósitos divinos para o universo. Bem-vindo à teoria das ideias angulares, que fomentam a inteligência espiritual e nos levam a descobrir e cumprir o propósito de nossa existência. Esses são os temas dos próximos capítulos desta seção do livro, sobre inteligência e propósito.

CAPÍTULO 5
CORPO, ALMA E ESPÍRITO

ou acesse o link: http://geracaodeinteligencia.com.br/
capitulo-5-e-6-ideias-angulares

Cientificamente, por meio do estudo das inteligências, demonstrado resumidamente nos capítulos anteriores, já é amplamente aceita a configuração tripartite do ser humano. Os sistemas foram configurados para condicionar as três áreas: inteligência biológica para o corpo (fatores biológicos), inteligência emocional e racional para a alma, e inteligência espiritual para o espírito (consciência, propósito, sentido da vida e valores).

Como queremos entender o código de treinamento de Jesus a seus discípulos, precisamos perceber de que maneira eles tratam esse assunto.

Para o apóstolo Paulo, o homem foi feito um ser tripartido, formado por três elementos, conforme vemos em 1 Tessalonicenses 5.23:

> E o mesmo Deus de paz vos santifique em tudo; e todo o vosso espírito, e alma, e corpo, sejam plenamente conservados irrepreensíveis para a vinda de nosso Senhor Jesus Cristo.

Enquanto o corpo e a alma vão em busca da autopreservação, um mecanismo projetado por Deus para garantir, em termos gerais, vida, sobrevivência e relações com membros da própria espécie, o espírito vai em busca de cumprir um propósito de existência. Guiado por uma força em seu íntimo, ele acessa características do divino, superior ao restante de toda a criação, a sabedoria, a compaixão, a integridade, a alegria, a paz, a felicidade, a criatividade e o amor. Características vinculadas à consciência.

O bom funcionamento dessas três partes é essencial para o alcance do seu propósito e, consequentemente, a felicidade e o sucesso, que também podem ser lidos como bem-estar e alta performance — o bom funcionamento integrado do ser.

Na Bíblia é apresentado o interesse completo do Criador por ambas as naturezas do homem; não somente pela natureza espiritual, mas também pela física, material. A redenção de Cristo inclui o corpo: "E não só ela, mas nós mesmos, que temos as primícias do Espírito, também gememos em nós mesmos, esperando a adoção, a saber, a redenção do nosso corpo" (Romanos 8.24). O corpo do homem é membro de Cristo e santuário do Espírito Santo; foi comprado por Deus e deve glorificar a Ele, conforme é dito na primeira carta de Paulo aos Coríntios 6.15-20:

Não sabeis vós que os vossos corpos são membros de Cristo? Tomarei, pois, os membros de Cristo, e os farei membros de uma meretriz? Não, por certo. Ou não sabeis que o que se ajunta com a meretriz, faz-se um corpo com ela? Porque serão, disse, dois numa só carne. Mas o que se ajunta com o Senhor é um mesmo espírito. Fugi da prostituição. Todo o pecado que o homem comete é fora do corpo; mas o que se prostitui peca contra o seu próprio corpo. Ou não sabeis que o nosso corpo é o templo do Espírito Santo, que habita em vós, proveniente de Deus, e que não sois de vós mesmos? Porque fostes comprados por bom preço; glorificai, pois, a Deus no vosso corpo, e no vosso espírito, os quais pertencem a Deus.

O plano completo da redenção inclui tanto o espírito quanto a alma e o corpo humano. O Mestre demonstra o interesse em resgatar o funcionamento perfeito do corpo, e demonstrou isso por meio de gestos e de ações durante todo o seu ministério na terra. Posteriormente, comissionou seus discípulos para que continuassem essa obra:

E disse-lhes: Ide por todo o mundo, pregai o evangelho a toda criatura. Quem crer e for batizado será salvo; mas quem não crer será condenado. E estes sinais seguirão aos que crerem. Em meu nome expulsarão os demônios; falarão novas línguas; pegarão nas serpentes; e, se beberem alguma coisa mortífera, não lhes fará dano algum; e porão as mãos sobre os enfermos, e os curarão.

Marcos 16.15-18

Portanto, a vontade de Deus para a vida do homem é que ele tenha saúde no corpo e na alma. Isso é o que diz João na sua terceira carta: *Amado, desejo que te vá bem em todas as coisas, e que tenhas saúde, assim como bem vai a tua alma.* (3 João 1.2)

O corpo físico liga o homem às dimensões do mundo e o guia para as decisões que dizem respeito às dimensões terrenas. O espírito o ajuda e direciona a lidar com o mundo espiritual.

Com o passar dos anos, cresce no ser humano a influência dos registros conscientes e inconscientes da memória, que impactarão diretamente o funcionamento desse ser, no seu corpo e na sua alma.

Deus dotou o homem, assim como toda criatura do universo, dos elementos necessários ao cumprimento do seu desígnio. Uma vez que tudo isso funcione em pleno equilíbrio, garante ao homem bem-estar e sucesso.

Quanto ao propósito, o Criador entregou ao homem o domínio do planeta, e, para o sucesso dessa missão, Deus o criou, bem como o restante da criação, com todos os elementos e as condições necessárias para essa função.

Assim como uma árvore cresce, sabe o que fazer e é conduzida por uma força natural, estabelecida pelo registro do Criador, o homem também segue o curso da vida naturalmente, mas com uma diferença: o homem possui o espírito.

Na Bíblia é relatado que Deus concede ao homem o espírito: *E formou o Senhor Deus o homem do pó da terra, e soprou em seus narizes o fôlego da vida; e o homem foi feito alma vivente* (Gênesis 2.7). O termo hebraico original para espírito é *ruah*, que nesse texto bíblico foi traduzido como "fôlego da vida".

Assim, o ser humano possui, no espírito, uma sabedoria para direcionar, discernir e escolher caminhos. Isso passa pelo intelecto, mais precisamente no seu córtex pré-frontal, onde está localizado o livre-arbítrio, a capacidade de fazer as próprias escolhas e tomar decisões. Mas, de alguma forma, essas escolhas e decisões dependerão sempre do estado espiritual da pessoa. Ela deve ser sensível à voz (interna) de seu Criador, para que não perca a direção do seu propósito nem erre o alvo, o que é considerado pecado, e assim possa vivenciar seu bem-estar, sentindo-se completa e eficiente — o estilo de vida projetado pelo seu Criador.

> E não sede conformados com este mundo, mas sede transformados pela renovação do vosso entendimento, para que experimenteis qual seja a boa, agradável, e perfeita vontade de Deus.
>
> Romanos 12.2

Em um contexto teológico, após a rebelião de Adão, quando o pecado entrou no mundo, como declara Paulo em sua carta aos Romanos — "portanto, como por um homem entrou o pecado no mundo, e pelo pecado a morte, assim também a morte passou a todos os homens por isso que todos pecaram" (Romanos 5.12) —, o modo natural passou a ser o condutor principal das ações humanas no seu processo de decisão. Dessa forma, sem o enquadramento divino, sem ouvir a voz do espírito, a voz a ser ouvida é a das experiências naturais, dos traumas, das decepções e das frustrações, gerando o quadro de uma pessoa perdida e disfuncional, incapaz de ser feliz ou eficiente, por ter perdido a direção do seu propósito.

Para a solução do problema de desgoverno e de liderança disfuncional e para o homem atingir o potencial máximo rumo ao cumprimento do seu propósito, é necessário que ele desenvolva a inteligência espiritual, peça-chave para o resgate da eficiência humana.

A concentração de Jesus nos ensinamentos básicos de sua doutrina, bem como a importância que Ele deu ao aprendizado e à prática desses ensinamentos, sugere o princípio das ideias angulares como fator essencial para o resgate do governo e para o desenvolvimento da inteligência espiritual do ser humano. Vejamos melhor no próximo capítulo.

CAPÍTULO 6
IDEIAS ANGULARES NO CONTEXTO DAS ESCRITURAS

ou acesse o link: http://geracaodeinteligencia.com.br/capitulo-5-e-6-ideias-angulares

"Estou ultimamente ocupado em ler a Bíblia. Tirai o que puderdes deste livro pelo raciocínio e o resto pela fé, e, vivereis e morrereis um homem melhor."

Abraham Lincoln

A busca, uma voz na alma

Filho meu, atenta para as minhas palavras; às minhas razões inclina o teu ouvido. Não as deixes apartar-se dos teus olhos; guarda-as no íntimo do teu coração. Porque são vida para os que as acham, e saúde para todo o seu corpo.

Provérbios 4.20-22

Sobre tudo o que se deve guardar, guarda o teu coração, porque dele procedem as fontes da vida. Desvia de ti a falsidade da boca, e afasta de ti a perversidade dos lábios.

Provérbios 4.23,24

Na sua busca natural por felicidade e sucesso, o ser humano tem implementado ações cada vez mais robustas e intensivas, porém sem a direção certa. Impulsionado pela força da mídia, da ciência da computação, das facilidades de transporte e de acesso amplo à informação, se vê perdido. Apesar de todas as facilidades tecnológicas do presente, o homem nunca se manifestou em toda a sua história como alguém tão infeliz, incompleto e cheio de crises que assolam sua alma, com paradoxos sem fim.

Quanto mais informações disponíveis, maior a confusão mental e a desinteligência. Quanto mais acesso a pessoas, mais isolado e depressivo o ser humano se torna. Quanto maior o investimento na indústria do entretenimento, mais triste e deprimido ele fica.

Os grandes pesquisadores do funcionamento do cérebro, nos dias atuais, levantam a magnitude dos problemas contemporâneos e destacam que a maior parte das questões que afetam o homem está relacionada às emoções e à quantidade de energia despendida pelo cérebro para criar associações entre esse volume expressivo de informações que são registradas automaticamente na memória, sobrecarregando-a.

Esses problemas, claramente posicionados nas áreas da emoção e da inteligência, ou seja, relativos a processos cognitivos, têm feito as comunidades científica, filosófica e teológica procurarem se concentrar na busca de uma solução para a temática.

A constatação acima indica que a mensagem de Cristo não foi apenas para o seu tempo. Com certeza, o Mestre onisciente conhecia não apenas o funcionamento dessa máquina extraordinária, o cérebro, mas também o desfecho da humanidade. Ele traz, então, uma mensagem transformadora, salvífica e resgatadora do ser que Ele criou. Seu objetivo é que o ser humano possa ser restaurado àquilo que Ele havia projetado desde o princípio, assumindo o propósito de Deus em sua vida, para viver guiado por esse propósito e não pelas vozes perturbadoras da alma, que ecoam no ser e o transportam para longe de seu verdadeiro caminho.

O Dr. Augusto Cury, autor da tese *Inteligência multifocal*, sugere a existência de um mal que, do seu ponto de vista, é maior do que a depressão: o mal do século, a SPA: síndrome do pensamento acelerado.

Cury entende que os maiores problemas enfrentados hoje envolvem essa doença, devido à quantidade de informações que se recebe, à baixa qualidade dos pensamentos e à falta de gerenciamento, que expõe a humanidade aos maus hábitos e à extrema sobrecarga psíquica, limitando assim a inteligência e capacidade de superação das pessoas.

Logos, a ideia, a resposta

Como uma resposta ao problema do homem afastado do Criador e do seu projeto original, por influência de um mundo (sistema corrompido) que "jaz no maligno" (1 João 5.19), Deus envia o Cristo à Terra. Cristo é apresentado por João, no seu evangelho, como *logos*. No primeiro capítulo do seu evangelho, João diz: *O verbo se fez carne, e habitou entre nós...* (1 João 1.14).

O termo grego traduzido como "verbo" é *"logos"*, que significa "palavra", ou melhor, uma ideia expressa ou "que se põe para fora". Nesse contexto bíblico, *logos* pode ser entendido sob a perspectiva de que Deus realmente trouxe a ideia dele ao mundo.

"A mente que se abre a uma nova ideia jamais voltará ao seu tamanho original."

Albert Einstein

O Dr. Myles Munroe (2008) dizia que a *ideia de Deus* teria vindo ao mundo com o objetivo claro de ajudar o homem a reformular seus pensamentos, trazendo ideias que filtrassem os pensamentos, de modo que isso transbordasse em uma nova consciência de seus antigos propósitos e vontades.

De acordo com a abordagem do apóstolo Paulo sobre o assunto, os que já foram transformados por Cristo possuem a mente de Cristo: *Porque, quem conheceu a mente do Senhor, para que possa instruí-lo? Mas nós temos a mente de Cristo* (1 Coríntios 2.16).

Sendo assim, a salvação não constitui o simples ato de reconhecer que Jesus é Deus, mas traz em si o ato de internalizar Deus na vida. Quando o homem aceita Jesus e suas ideias, a mente, a forma de pensar de Cristo "entra" nele e lhe transforma os pensamentos, gerando ideias divinas nele. Essas ideias divinas reconstroem o sistema de crenças, modificando atitudes, criando novos hábitos, formando um caráter novo. Esse caráter novo evidencia o caminho triunfante da nova criatura, que alegra Deus e o Espírito Santo. *E não entristeçais o Espírito Santo de Deus, no qual estais selados para o dia da redenção* (Efésios 4.30).

Na Bíblia, é dito que o Espírito Santo é o selo da salvação. Isso significa que, uma vez que uma pessoa aceite as ideias de Jesus em sua vida, o Espírito sela em sua mente essas ideias novas, que promoverão o resgate do caráter divino no ser humano, inscrito nele desde a criação; um caráter que identifica o Reino de Deus e introduz uma consciência nova, impregnada pela cultura espiritual. O objetivo final desse processo é a restauração do governo de Deus na vida do homem, que, segundo Jesus, assim como o filho pródigo, *estava morto, e reviveu, tinha-se perdido, e foi achado* (Lucas 15.24). Para que, uma vez restaurado, o ser humano trilhe novamente o caminho do sucesso e da felicidade, que é o caminho designado por Deus no seu propósito.

Essas novas ideias que formam novos pensamentos fazem isso por meio de uma mudança de perspectiva da pessoa sobre si própria, sobre Deus, sobre o mundo terreno e o mundo espiritual e sobre as relações que isso envolve. As novas perspectivas proporcionam uma melhor condição de julgamento e juízo, e consequentemente qualificam as reações. O que está sendo desenvolvido no homem é a sua QS, a sua inteligência espiritual.

Jesus declarou de si mesmo:

Vocês nunca leram esta passagem das Escrituras? A pedra que os construtores rejeitaram tornou-se a pedra angular; isso vem do Senhor, e é algo maravilhoso para nós.

Marcos 12.10-11

Em Isaías 28.16, lemos:

Por isso diz o Soberano Senhor: Eis que ponho em Sião uma pedra, uma pedra já experimentada, uma preciosa pedra angular para alicerce seguro; aquele que confia, jamais será abalado.

E Pedro, em Atos 4.11, confirma:

Este Jesus é a pedra que vocês, construtores, rejeitaram, e que se tornou a pedra angular.

Os textos deixam claro que as ideias de Cristo são apresentadas como o fundamento da construção da espiritualidade para toda a humanidade.

As *ideias angulares* desenvolvem a inteligência espiritual (QS), deixando o homem sensível e obediente ao novo governo espiritual de Deus em sua vida. Isso ocorre por meio de uma transformação da mente, deflagrada pela entrega espontânea do homem a Deus e a suas novas ideias. Paulo explicou de forma clara aos Romanos:

Rogo-vos, pois, irmãos, pela compaixão de Deus, que apresenteis os vossos corpos em sacrifício vivo, santo e agradável a Deus, que é o vosso culto racional. E não sede conformados com este mundo, mas sede transformada pela renovação do vosso entendimento, para que experimenteis qual seja a boa, agradável, e perfeita vontade de Deus.

Romanos 12.1-2

A expressão "a vontade de Deus" pode ser traduzida por "propósito". O apóstolo Paulo disse que a vontade de Deus (ou seja, o propósito dele) "é boa, perfeita e agradável" (Romanos 12.2). Logo, esse propósito pode ser vivido na sua plenitude quando o ser humano tem a mente submetida ao Senhor voluntariamente, utilizando-se do seu livre-arbítrio, para uma transformação que se opõe ao modelo de cultura e de governo do mundo. Daí em diante, com a mente transformada, inicia-se no ser humano convertido um processo de santificação (ou seja, de separação do mundo), que deriva dessa nova mente, gerando, a partir disso, um produto chamado "fruto do Espírito" (Gálatas 5.22).

Metanoia

A porta de entrada para o desenvolvimento da inteligência espiritual (QS) é o processo chamado metanoia.

O termo "arrependimento" vem da expressão grega *metanoia*, que é composta de duas palavras: *meta* e *noul*, que significam expansão da mente ou expansão da inteligência.

O evangelho de Jesus se inicia com a pregação de João Batista convidando os pecadores a ingressar no Reino de Deus por meio do arrependimento, e a essência da sua mensagem se baseava em ampliar a mente para uma mudança.

Assim, por esse processo, como em um transplante, Deus coloca um traço dele no homem. Mas esse não se torna Deus. Da mesma forma que uma pessoa que recebe um órgão de outra não se torna esta; apenas passa a usufruir das funções daquele órgão em seu organismo. Pela metanoia, o homem passa a usar a mente expandida ou a inteligência expandida, que chamei de *inteligência espiritual* (QS), recebida de Cristo.

Cabe considerar, nessa comparação com o transplante, que há um processo de adaptação do organismo ao órgão novo que recebeu. E isso demanda tempo, embora o transplante seja algo que aconteça de forma imediata.

Nas páginas da Bíblia Sagrada, pode-se verificar que é dessa forma que Deus opera a transformação, a regeneração do ser humano e restaura o seu governo nele, conduzindo o homem a novos hábitos. Quanto maior a entrega desse homem a Deus, maior e mais profunda será a transformação que Deus fará nele.

Por meio de uma nova mentalidade, advinda da inclusão das novas ideias (*logos*), o Senhor influenciará o desenvolvimento de uma inteligência espiritual e completa. Deus influirá nos componentes que formam a inteligência: na formação dos pensamentos que controlam o comportamento; na transformação da energia psíquica que controla as emoções; na formação da construção da consciência existencial (Quem sou? Como sou?) que administra o propósito, o senso moral e de valor; no histórico dos registros automáticos da memória, que controlam os hábitos e as reações; e na carga genética existente, que regula o bom funcionamento sistêmico orgânico, bem como influencia em gerações futuras. Isso trará a essa nova criatura uma nova vida e uma nova concepção do mundo. Considerando que a personalidade é a manifestação da inteligência no âmbito do mundo psíquico, do ambiente e das circunstâncias, Deus acaba por transformar o homem completamente.

CAPÍTULO 7
AS IDEIAS ANGULARES E O DESENVOLVIMENTO DO SER

ou acesse o link: http://geracaodeinteligencia.com.br/capitulo-7-ideias-angulares-e-o-desenvolvimento-do-ser

"Nós somos o que fazemos repetidas vezes. Portanto, a excelência não é um ato, mas um hábito."

Aristóteles

As ideias angulares são fatores transformadores e fundamentais na construção de uma nova percepção que redireciona o homem ao espírito e às características do caráter divino, inscritos no ser humano na sua criação. Algumas dessas características também são destacadas na Bíblia como "fruto do Espírito" (veja o Gráfico 8 na página 121).

Entender o processo cognitivo, a origem dos pensamentos e as bases dessa construção é o caminho para compreender o desenvolvimento da inteligência espiritual por meio das ideias angulares.

As ideias angulares são o modelo utilizado por Jesus para a transformação do homem. Elas representam a mente de Cristo e do próprio Deus, introduzidas na mente do homem por meio de um processo chamado metanoia, que, traduzido, quer dizer expansão da mente ou da inteligência.

A expansão da inteligência será processada por meio das *ideias angulares*, apresentadas por Jesus como princípios ligados a *Amor* e *Reino*, gerando, respectivamente: 1) reorganização afetiva, que contribui para a formação das bases de valor e sentimento, e 2) reorganização sistêmica de crenças, que contribui para a redefinição das crenças adquiridas ao longo da vida. Mas, agora, essas crenças serão ajustadas ao propósito do Reino apresentado por Jesus (Gráficos 6 e 7, na página 120).

Esse processo provoca mudanças diretas no sistema de crenças pela alteração da percepção, lançando luz sobre fatos, verdades, princípios e simbolismos. As novas compreensões se expandem nas dimensões do *autoconhecimento*, do *conhecimento holístico*, da *formação de pensamentos* e na *organização das emoções*; consequentemente, elas operam na formação de novos hábitos e comportamentos.

Inteligência espiritual, propósito e valor

A inteligência espiritual é aquela que guia a pessoa para uma vida de propósito e valor superior, gerando nela um senso de direção e disposição, com energia para as realizações.

Nos Gráficos 2 e 3, nas páginas 116 e 117, você observará como as ideias angulares contribuem para o desenvolvimento dessas características, por meio da promoção de um profundo relacionamento com Deus, do conhecimento sobre a estrutura do Reino, de uma visão objetiva da missão proposta e da necessidade da dependência divina para a realização dessa missão.

A inteligência espiritual é um meio pelo qual o Criador promove as mudanças de hábitos necessárias ao melhor funcionamento do ser, que o conduzirá à felicidade e à alta performance.

Nos Gráficos 4 e 5, nas páginas 118 e 119, você poderá constatar a força das ideias angulares reconstruindo hábitos por meio de um valor próprio, proporcionado pelo autoconhecimento, por um forte sentimento de pertencer a algo maior, gerado pelo conhecimento holístico;

um desejo de mudança no sistema, por força da causa, pela liberdade e pelas convicções que geram força emocional pelo valor superior, desenvolvido na superação.

Segundo minha percepção, o que as ideias angulares fazem é contribuir para a formação das habilidades da espiritualidade, que chamei de *happiness power abilities* (habilidades poderosas para a felicidade).

A seguir, estão listados os versículos identificados em minha pesquisa de campo como aqueles que mais influenciaram a vida dos entrevistados, conforme o Gráfico 1. Após as análises, pude observar que esses versículos direcionam para o desenvolvimento da inteligência espiritual, conforme as suas plataformas e características.

Vale lembrar que não são apenas esses textos que são utilizados na formação da inteligência espiritual e do novo homem à imagem de Cristo; esses foram os que se destacaram na vida dos entrevistados.

Versículos-chave para as poderosas habilidades da felicidade (*happiness power abilities*)

1. *"Ame a Deus sobre todas as coisas."* (Lucas 10.27)
2. *"O Senhor é meu pastor e nada me faltará."* (Salmo 23.1) (Jesus é o bom Pastor.)
3. *"E eis que estou convosco todos os dias, até a consumação dos séculos."* (Mateus 28.20)
4. *"O céu e terra passarão, mas as minhas palavras não hão de passar."* (Mateus 24.35)
5. *"Porque Deus amou o mundo de tal maneira que deu seu Filho Unigênito, para que todo aquele que nele crê não pereça, mas tenha vida eterna."* (João 3.16)
6. *"Disse-lhe Jesus: Eu sou o caminho, e a verdade e a vida; ninguém vem ao Pai, senão por mim."* (João 14.6)
7. *"De que vale uma pessoa ganhar o mundo inteiro, e perder a sua alma?"* (João 16.26)

8. *"Quem é minha mãe? Quem são meus irmãos e irmãs?"* (Mateus 12.48)
9. *"Então Pedro aproximou-se de Jesus e perguntou: Senhor, quantas vezes deverei perdoar a meu irmão quando ele pecar contra mim? Até sete vezes? Jesus respondeu: Eu digo a você: Não até sete, mas até setenta vezes sete."* (Mateus 18.21-22)
10. *"O que de graça recebeste de graça deveis dar."* (Mateus 10.8b)
11. *"Não vos inquieteis, pois, pelo dia de amanhã, porque o dia de amanhã cuidará de si mesmo. Basta a cada dia o seu mal."* (Mateus 6.34)
12. *"Não julgueis, para que não sejais julgados."* (Mateus 7.1)
13. *"Portanto, tudo o que vós quereis que os homens vos façam, fazei-lho também vós, porque esta é a lei e os profetas."* (Mateus 7.12)
14. *"E quem não toma a sua cruz, e não segue após mim, não é digno de mim."* (Mateus 10.38)
15. *"A fé é o firme fundamento das coisas que se esperam, e a certeza das coisas que não se veem."* (Hebreus 11.1)
16. *"De sorte que haja em nós o mesmo sentimento que houve também em Cristo Jesus."* (Filipenses 2.5)
17. *"Aquele que de entre vós está sem pecado seja o primeiro que atire pedra contra ela."* (João 8.7)
18. *"Não julgueis, para que não sejais julgados. Porque com o juízo com que julgardes sereis julgados, e com a medida com que tiverdes medido vos hão de medir a vós."* (Mateus 7.1-2)
19. *"Na verdade, na verdade vos digo, aquele que crê em mim tem a vida eterna. Eu sou o Pão da Vida."* (João 6.47-48)
20. *"Mas, buscai primeiro o reino de Deus, e a sua justiça, e todas estas coisas vos serão acrescentadas."* (Mateus 6.33)
21. *"E odiados de todos sereis por causa do meu nome; mas aquele que perseverar até ao fim, esse será salvo."* (Mateus 10.22)
22. *"Vós sois o sal da terra; mas se o sal se tornar insípido, com que se há de restaurar-lhe o sabor? Para nada mais presta, senão para ser lançado fora, e ser pisado pelos homens."* (Mateus 5.13)

23. *"No mundo tereis aflições, mas tende bom ânimo, eu venci o mundo."* (João 16.33)

24. *"Porque a nossa leve e momentânea tribulação produz para nós um peso eterno de glória mui excelente."* (2 Coríntios 4.17)

25. *"Não me escolhestes vós a mim, mas eu vos escolhi a vós, e vos nomeei, para que vades e deis fruto, e o vosso fruto permaneça; a fim de que tudo quanto em meu nome pedirdes ao Pai ele vo-lo conceda."* (João 15.16)

26. *"Tendo por certo isto mesmo, que aquele que em vós começou a boa obra a aperfeiçoará até ao dia de Jesus Cristo."* (Filipenses 1.6)

27. *"Portanto, se já ressuscitastes com Cristo, buscai as coisas que são de cima, onde Cristo está assentado à destra de Deus."* (Colossenses 3.1)

28. *"Ame a teu próximo como a ti."* (Lucas 10.27)

29. *"Porventura pode uma mulher esquecer-se tanto de seu filho que cria, que não se compadeça dele, do filho do seu ventre? Mas ainda que esta se esquecesse dele, contudo eu não me esquecerei de ti."* (Isaías 49.15)

30. *"O ladrão não vem senão a roubar, a matar e a destruir; eu vim para que tenham vida, e a tenham com abundância."* (João 10.10)

31. *"Que diremos, pois, a estas coisas? Se Deus é por nós, quem será contra nós?"* (Romanos 8.31)

32. *"Vinde a mim todos vós que estais cansados e oprimidos, e eu vos aliviarei."* (Mateus 11.28)

33. *"Fui moço, e agora sou velho, mas nunca vi desamparado o justo, nem a sua descendência a mendigar o pão."* (Salmo 37.25)

34. *"Ainda que andasse pelo vale da sombra da morte, não temeria mal algum, porque Tu estás comigo, a Tua vara e o Teu cajado me consolam."* (Salmo 23.4)

35. *"Tu conservarás em paz aquele cuja mente está firme em ti; porque ele confia em ti."* (Isaías 26.3)

36. *"O que eu faço não o sabes tu agora, mas tu o saberás depois."* (João 13.7)

37. *"Se vós estiverdes em mim, e as minhas palavras estiverem em vós, pedireis tudo o que quiserdes, e vos será feito."* (João 15.7)
38. *"Não estejais inquietos por coisa alguma."* (Filipenses 4.6)
39. *"Lançando sobre ele toda a vossa ansiedade, porque ele tem cuidado de vós."* (1 Pedro 5.7)

Gráficos e análises das pesquisas

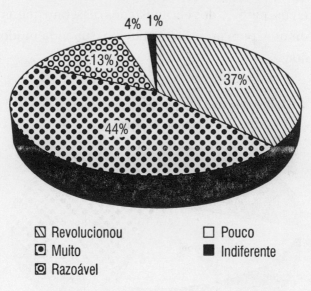

Gráfico 1[13]

O gráfico demonstra o grau da influência sentida pelos entrevistados em relação aos ideais propostos, relativos à transformação. Lembrando que essas ideias são versículos com elevado grau de registro na memória dessas pessoas.

---

13. Fonte: elaboração do autor, 2014.

Vemos, no Gráfico 1, que 37% dos entrevistados afirmaram que, além deles mesmos, o ambiente em que vivem foi também transformado, e 44% perceberam que sua vida foi modificada para melhor.

Com esses dados, pode-se afirmar que 81% dos entrevistados garantiram ter percebido forte mudança na sua vida.

Apenas 3% disseram ter experimentado pouca mudança, e 1% afirmou não perceber mudanças significativas.

O resultado sugere que, quando exposto às ideias de Cristo, o ser humano recebe uma influência transformadora, dirigida e percebida por todos à sua volta, como também revela o **Gráfico 3**, no qual vemos que 57% dos entrevistados disseram que as pessoas consideram que, por causa do evangelho, sua vida mudou muito para melhor.

Gráfico 2[14]

---
14. Fonte: elaboração do autor, 2014.

Nesse gráfico é demonstrado o direcionamento do impacto das ideias, tendo em vista o fortalecimento do propósito. Entre os objetivos apontados, destacamos que:

Apontar para o destino (30%) e **criar dependência (31%)** formam o maior grau direcional, totalizando 61%.

O **relacionamento pessoal com Deus** e a **missão** somam 39%, para consolidar a força rumo ao propósito.

O **relacionamento com Deus** e a **dependência** estão mais relacionados aos **valores (47%)**, enquanto **Reino e missão**, às **crenças (53%)**. As crenças e os valores movem as ações de uma pessoa.

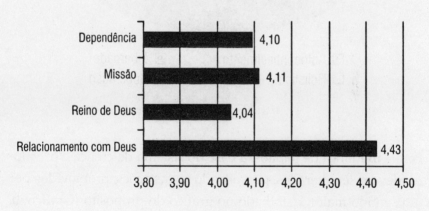

Gráfico 3[15]

O último gráfico demonstra em que grau (de 1 a 5) foi percebido o impacto das ideias para o fortalecimento do propósito.

A maior influência sentida foi no **relacionamento com Deus (4,43)**, o que sugere o aumento direto da liderança do espírito

---
15. Fonte: elaboração do autor, 2014.

na plataforma da intimidade. Depois, foram apontadas a **missão (4,11)**, a **dependência (4,10)** e o **Reino de Deus**, que é o nosso destino **(4,04)**.

Gráfico 4[16]

Para a mudança de hábitos, a base do sistema de crença e os valores devem ser alterados, provocando novas ações, promovidas por um sentido maior, detalhado no gráfico do propósito (**Gráfico 4**). As influências para essa mudança fluirão nas quatro dimensões expostas neste gráfico.

O **autoconhecimento** aumenta o senso de valor **(36%)**. O desejo de romper com o sistema por uma causa nos move a seguir adiante, com persistência **(liberdade, 26%)**. As lutas virão, mas a estrutura mental para o desafio está sendo desenvolvida na **superação (25%)**.

---

16. Fonte: elaboração do autor, 2014.

O sentido de pertencer **(holístico, 13%)** gera motivos e razões, pois tudo faz parte de um plano maior.

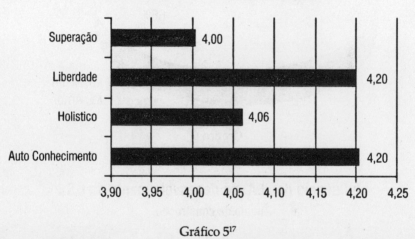

Gráfico 5[17]

As dimensões em que as ideias trabalham são percebidas em alto grau nas mudanças pessoais **(autoconhecimento, 4,20 na média em pontos de 1 a 5)**, na percepção do que a pessoa é, e do que não é nem precisa ser, que representa o rompimento com o sistema **(liberdade, 4,20)**.

A **superação** nas adversidades e o sentimento de pertencer **(holístico)** ao Reino garantem o sucesso das mudanças de hábitos em uma média bem elevada de **4,00** e **4,06**, respectivamente.

---

17. Fonte: elaboração do autor, 2014.

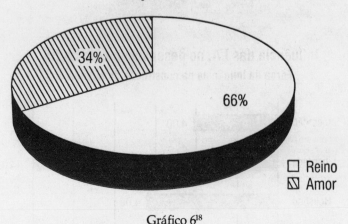

Gráfico 6[18]

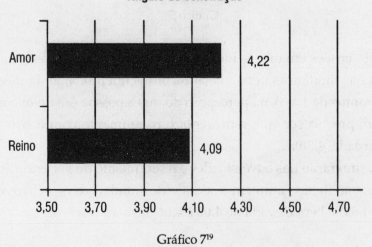

Gráfico 7[19]

---

18. Fonte: elaboração do autor, 2014.
19. Fonte: elaboração do autor, 2014.

Concernente ao ângulo de construção, a mensagem que se destaca é a do Reino, tendo em vista a abrangência dos assuntos, os direcionamentos e a construção (cf. Gráficos 6 e 7).

Porém, quando se avalia a força da percepção, é o amor que se destaca mais. Talvez porque o amor trabalhe no campo da reorganização afetiva e do sentido de valor, enquanto o Reino age na reorganização sistêmica.

As palavras voltadas para as emoções são as mais percebidas, pois são embrulhadas em fortes sentimentos. Já as voltadas para o Reino caminham mais pela plataforma serial, racional.

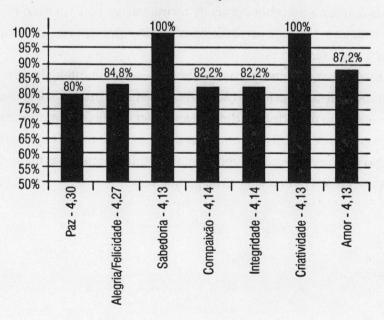

Gráfico 8[20]

---

20. Fonte: elaboração do autor, 2014.

Tendo em vista o desenvolvimento do caráter divino no homem e o fruto do Espírito como consequência da elevação da QS pelas ideias angulares, pode-se observar no último gráfico que:

A **paz (4,3)** e a **felicidade (4,3)** são as características mais percebidas pelos entrevistados, e as demais características irão variar no nível de 4,1; todas em níveis elevados de percepção do desenvolvimento das características inerentes ao espírito.

Vale considerar que 80% do sucesso de uma missão depende do fator emocional, que necessita de paz e felicidade.

Concernente à essência da composição dos versículos, demonstrados no gráfico por meio de valores em percentual, deve-se considerar que a **sabedoria**, que consiste na arte de saber fazer escolhas inteligentes pelo discernimento divino, e a **criatividade**, que representa a arte de perceber coisas de forma variada ou angular, estão presentes em todos os versículos escolhidos como os mais influentes (100% — cf. Gráfico 8).

Essas duas características são as evidências da inteligência e as mais potentes na sua formação. Todas as demais características estão presentes em mais de 80% dos versículos (cf. Gráfico 8), demonstrando, assim, o desenvolvimento específico da QS de forma expressiva.

No próximo capítulo veremos mais detalhadamente as habilidades poderosas para tornar uma pessoa feliz.

CAPÍTULO 8

HPA — HAPPINESS POWER ABILITIES (HABILIDADES PODEROSAS PARA A FELICIDADE)

ou acesse o link: http://geracaodeinteligencia.com.br/capitulo-8-hpas

As habilidades poderosas que se tornam visíveis e compõem as características de uma pessoa feliz e extraordinária são 25, as quais chamo de *Happiness Power Abilities* (HPA).

As HPAs se desenvolvem em quatro pilares, erguidos sobre os fundamentos das *ideias angulares*, que mantêm a estrutura de pé, com crenças e valores bem definidos.

Esses quatro pilares eu denominei CALL DAD, que, traduzindo, significa INVOQUE, ou CHAME O PAI. A palavra "pai" remete à origem. Assim, as habilidades para a felicidade são construídas sobre o fundamento de crenças e valores de uma pessoa originalmente perfeita, ou seja, alguém que mantém ou procura manter seu padrão original de funcionamento.

O CDAD, abreviação de CALL DAD, é uma sigla formada a partir das letras iniciais dos seguintes pilares: C de Conhecimento de si próprio ou autoconhecimento; D de Descobertas; A de Aceitação;

e D de Dominação. Esses são os quatro pilares necessários para a sustentação da espiritualidade, que é o canal de comunicação com a força do propósito para felicidade.

1º pilar do desenvolvimento da inteligência espiritual: Conhecimento de si próprio ou autoconhecimento

"O conhecimento é o antídoto do medo."

Ralph Waldo Emerson

Se pensamos em desenvolver a inteligência espiritual, a fé é um ingrediente importante. O maior inimigo da fé é o medo, e a principal forma de dissolvê-lo é o conhecimento.

Pesquisas revelam que, de cada dez problemas que imaginamos ter, apenas três são reais, mas sofremos por todos eles.

As habilidades poderosas deste 1º pilar são: saber quem sou, ter propósito na vida, ter uma hierarquia de valores, avaliar a importância dos pensamentos, diferenciar ego e imagem divina e qualidade de ser único.

1. SABER QUEM SOU

"Conhece-te a ti mesmo."

Sócrates

É essencial ter uma visão apropriada de si, do seu mundo, de sua realidade, de sua existência, buscar conhecer sua verdadeira origem humana e divina.

> *Ou dizeis que a árvore é boa e o seu fruto, bom, ou dizeis que a árvore é má e o seu fruto, mau; porque pelo fruto se conhece a árvore. Raça de víboras, como podeis vós dizer boas coisas, sendo maus? Pois do que há em abundância no*

coração, disso fala a boca. O homem bom tira boas coisas do seu bom tesouro, e o homem mau do mau tesouro tira coisas más. Mas eu vos digo que de toda palavra ociosa que os homens disserem hão de dar conta no Dia do Juízo. Porque por tuas palavras serás justificado e por tuas palavras serás condenado.

Mateus 12.33-37

Ricardo Gondim, em seu site, fala sobre *A difícil arte de conhecer-se*:

Quem sou eu? Essa parece ser uma pergunta simples, mas dificílima de ser respondida. Como saber exatamente o que somos?

Nisto, constituiu-se a mais nobre tarefa dos filósofos gregos: "Conhece-te a ti mesmo", era a máxima que orientava todo o pensamento helênico. Como discernir corretamente por que fazemos o que fazemos, por que agimos como agimos, por que somos assim, do jeito que somos?[21]

A verdadeira sabedoria começa com o conhecimento de si próprio. Considerando que os gregos estivessem certos, conhecer a nós mesmos, as nossas fraquezas e os nossos potenciais será um fator preponderante para o início de uma caminhada segura rumo ao crescimento pessoal e ao desenvolvimento da inteligência espiritual. O autoconhecimento nos dá a claridade para caminhar diante da escuridão das decisões que se apresentam e nos fazem subordinados à direção do espírito.

Como na água o rosto corresponde ao rosto, assim o coração do homem ao homem.

Provérbios 27.19

---

21. GONDIM, Ricardo. *A difícil arte de conhecer-se*. Disponível em: <http://www.ricardogondim.com.br/estudos/a-dificil-arte-de-conhecer-se/>. Acesso em: 14 set. 2015.

O primeiro passo, muito trabalhado por mim nos treinamentos de líderes, no cuidado com pessoas sob a minha liderança, ou com meus clientes de coaching, é o conhecimento da personalidade delas.

Tipos de personalidades

Somos o produto do DNA que herdamos dos nossos pais; das alegrias e traumas de nossa infância; dos amigos que conhecemos; dos lugares que frequentamos, das tristezas que vivemos, das alegrias que provamos; enfim, das experiências que se somaram na trajetória de nossa vida. O Dr. Augusto Cury, em sua obra *A inteligência de Cristo*, afirma que ela é "a manifestação da inteligência diante dos estímulos do mundo psíquico, bem como dos ambientes e das circunstâncias em que uma pessoa vive".

Como me especializei em uma ferramenta muito eficaz de análise de perfil de comunicação, chamada SOAR, que estabelece quatro traços de personalidade, eu a usarei como parâmetro para esclarecer esses diferentes tipos de perfis: o analítico, o dominante, o paciente e o extrovertido.

Apesar de haver um estilo dominante, você é uma combinação de todos os quatro estilos. Essa combinação é chamada de *padrão*, e cada pessoa tem um padrão único.

Não há um estilo melhor que o outro; cada um tem suas forças potenciais e pontos a serem desenvolvidos. Quanto mais se compreendem as forças potenciais de uma pessoa, mais se pode maximizar o seu potencial.

Há enormes diferenças individuais entre cada estilo. As pessoas são muito mais do que apenas o estilo que apresentam. Seus comportamentos sofrem grande influência de suas crenças, de seus valores, de suas experiências, de suas idiossincrasias etc. Pode-se afirmar que cada um é o produto integral de todos os fatores que compõem sua existência.

Lya Luft declarou:

A infância é o chão sobre o qual caminharemos o resto de nossos dias. Se for esburacado demais, vamos tropeçar mais, cair com mais facilidade e quebrar a cara... Por isso precisei abrir em mim um espaço onde abrigar as coisas positivas, e desejei que fosse maior do que o local onde inevitavelmente eu armazenaria as ruins.[22]

Vejamos então cada um dos perfis:

O ANALÍTICO

O analítico é aquele que não aceita erros. É movido por ordem, controle e segurança. Trata-se de alguém detalhista ao extremo, organizado, que não faz nada sem planejamento. Essa pessoa gosta de estudar, busca conhecimento e é muito pontual, normalmente chega antes do horário. Não gosta de levar bronca, é conservador, metódico e previsível.

Pontos fortes dos analíticos: eles têm prazer em não quebrar regras e normas. São aquelas pessoas que leem o manual; se não houver manual, procuram na internet. Muito organizados, se preocupam com a qualidade das coisas. São sistemáticos, seguem corretamente procedimentos, sempre consistentes. Lealdade, segurança e responsabilidade são marcas visíveis do comportamento de um analítico.

Pontos a serem trabalhados: encontramos dois principais pontos. O primeiro é a dificuldade de se adaptar às mudanças, o que pode impedir o progresso, pois não existe progresso sem mudança. E o segundo é a aversão aos riscos. É preciso levar em conta que é difícil crescer sem se arriscar; a vida é recheada de riscos. Além disso,

---

22. Citado por GONDIM, Ricardo. *A difícil arte de conhecer-se*. Disponível em: <http://www.ricardogondim.com.br/estudos/a-dificil-arte-de-conhecer-se/>. Acesso em: 14 set. 2015.

como normalmente são detalhistas, estruturados e demasiadamente sistemáticos, podem acabar reconhecidos como os chatos do lugar.

Fatores motivacionais para a personalidade analítica:

- A certeza, a compreensão exata de quais são as regras;
- O conhecimento específico do trabalho que faz;
- A ausência de riscos e erros;
- Ver o produto acabado — começo, meio e fim.

O *Extrovertido*

O que move a pessoa de personalidade extrovertida é a criatividade, a liberdade e o fato de ser inspirada por ideias. Os extrovertidos são criativos, se movem pela intuição. Pensam sempre no futuro, são distraídos e curiosos. Informais, casuais e flexíveis, mudam facilmente sua forma de pensar.

Pontos fortes dos extrovertidos: são pessoas com foco no futuro e descontraídas. Gostam de fazer tudo diferente. Têm a capacidade de visualizar as coisas de forma lúdica, o que fortalece o mapa mental do destino. Sentem prazer em buscar inovações. Provocam mudanças radicais e possuem poder de convencimento com o uso das palavras.

Pontos a serem trabalhados: como os extrovertidos pensam sempre no futuro, falta atenção ao presente. Seu olhar no futuro os faz procrastinar, e isso acumula tarefas, podendo provocar a perda de oportunidades. Parecem rebeldes, pois possuem um jeito próprio de fazer as coisas e forçam essa liberdade. Como gostam de fazer tudo diferente, acabam por se tornar questionadores, e com isso podem parecer teimosos, ou "do contra". Como apreciam a evolução e as mudanças, as pessoas extrovertidas podem acabar defendendo o novo pelo novo.

Fatores motivacionais para a personalidade extrovertida:

- Liberdade de expressão. Deixe-a falar. Quer acabar com sua motivação? Chame-a para uma reunião na qual ela não possa falar nada.
- Ausência de controles rígidos, pois os extrovertidos não sabem lidar com cobranças excessivas.
- Ambiente de trabalho descentralizado, para que tenha mais liberdade. Um local de trabalho com muitos chefes logo incomoda.
- Ambiente com liberdade para abrir exceções. De preferência em favor dos extrovertidos.
- Oportunidade de delegar tarefas. Os extrovertidos são líderes por natureza e gostam de atribuir responsabilidades e comandar as pessoas.

O PACIENTE OU PACÍFICO

O que move um indivíduo de personalidade paciente ou pacífica é felicidade e igualdade para todos. É o tipo de pessoa que pensa mais nos outros do que em si mesma. Ela se entrega e trabalha pelos demais, e, quando vê, abriu mão de oportunidades para assistir ao desenvolvimento dos outros.

O ambiente adequado ao desenvolvimento desse perfil de personalidade é aquele onde não há muita competição e conflitos, onde todos podem trabalhar pelo bem comum, de preferência com muita interação.

O comportamento de um pacífico é sensível; ele facilmente se magoa. Os pacíficos são voltados completamente para relacionamento e equipe; gostam de estar junto de outras pessoas. São tradicionalistas e adoram contribuir. A frase que sempre falam é: "posso ajudar?" Buscam harmonia e fogem de lugares onde haja brigas. Delegam autoridade, principalmente se for para chamar a atenção de outros; não gostam de repreender nem de corrigir. Acabam procrastinando muito, pois, pelo fato de não gostarem de conflitos, deixam muitas coisas para o dia seguinte, a fim de fugir de um possível aborrecimento. Gostam de ficar no mesmo lugar, principalmente quando algo está dando certo, porque isso cria uma zona de conforto e segurança.

Pontos fortes dos pacientes: são pessoas que se apegam fácil a um local, gerando uma tradição. Os pacientes são muito divertidos, comunicativos e expansivos. Geralmente tudo para eles acaba em festa. São sentimentais e sensitivos, facilmente abaláveis. Extremamente participativos, gostam de ritualizar, de celebrar e de manter a comunicação aberta.

Pontos a serem trabalhados: gostam de esconder problemas, mas todo conflito precisa ser resolvido; caso contrário, pode se tornar um trauma. E muitas vezes a pessoa de personalidade pacífica não resolve alguma questão por medo de brigar, de perder amizades, e aí empurra o assunto para a frente, buscando escondê-lo. Outro ponto fraco é a felicidade acima de resultados. No mundo dos negócios, e até na vida, nem sempre a felicidade caminha ao lado do sucesso. Muitas vezes precisamos nos sacrificar, passar por cima de sentimentos a fim de chegar ao objetivo desejado, e isso para eles é difícil.

Os pacientes acabam manipulando outras pessoas por meio dos sentimentos; essa é a maior arma que eles julgam ter para conseguir conquistar o que desejam, porém, isso não é bom. É necessário ter cuidado com a sensibilidade ou a carência extrema. Essas características atraem olhares de pena, o que não ajuda no desenvolvimento da pessoa em hipótese alguma. Não há problema em ser sensível ou carente; o grande problema é valorizar demais essa natureza.

Fatores motivacionais para a personalidade paciente:

- Segurança. Eles precisam se sentir seguros;
- Aceitação social. Todos precisam gostar dele. A oposição o desestabiliza;
- Construção de consenso;

- Reconhecimento da equipe;
- Supervisão compreensiva; sente necessidade de ser compreendido;
- Ambiente harmônico;
- Trabalho em grupo. Os pacientes não sabem trabalhar sozinhos. Sua liderança é exercida por meio de feedbacks.

O DOMINANTE

Os dominantes são movidos por ação e resultado. Eles se movem com agilidade.

O comportamento que mais chama a atenção é o senso de urgência; tudo é "para ontem". Eles tomam a iniciativa sozinhos. Tudo é por impulso, são agitados. Extremamente práticos e movidos por "vencer desafios", estão sempre buscando algo para vencer. Têm foco no futuro e se acham autossuficientes. Delegar poder é uma dificuldade, pois gostam de fazer tudo sozinhos. Se incomodam quando os outros precisam fazer ou mandar por eles, pois sentem necessidade de dar a última palavra.

Pontos fortes dos dominantes: os dominantes fazem acontecer. Se você precisa que algo aconteça, conte com um dominante. Eles são bem proativos. Os dominantes acabam com a burocracia, gostam de coisas diretas, rápidas e práticas. Se motivam facilmente, têm muita energia e fazem o que é necessário, sem medir esforços.

Pontos a serem trabalhados: os dominantes têm tendência a serem centralizadores, por causa desse jeito de querer fazer tudo rápido e sozinhos. Podem ser socialmente difíceis, atropelando pessoas e não compartilhando ideias e funções. A instituição perde muito com isso.

É difícil dialogar com eles, pois sempre querem falar e dominar o ambiente. Dificilmente aceitam ser questionados, interpretando isso como desrespeito. Costumam fazer as coisas do modo mais fácil, porém nem sempre o modo mais fácil é o melhor. Enfrentam complicações nos relacionamentos, uma vez que os relacionamentos, para serem bons, precisam de conversa. São impacientes, ansiosos e inquietos, normalmente têm tiques. Agem primeiro e pensam depois. Fatores motivacionais para a personalidade dominante:

- Liberdade para agir individualmente;
- Controle das próprias atividades;
- Resolver os problemas do seu próprio jeito;
- Competição individual. Vão às últimas consequências para vencer, e às vezes competem consigo mesmos;
- Não ter que repetir tarefas.

2. TER PROPÓSITO DE VIDA

"Quem é firme em seus propósitos molda o mundo a seu modo."

Johann Wolfgang von Goethe

Por que você está aqui? Por que você foi criado? Qual o motivo que o tira da cama diariamente? Esse motivo vai nutrir uma visão e demandar uma missão.

O seu propósito é um norte para a sua existência, tem a capacidade de arrastá-la. Existem áreas específicas no cérebro para construir uma ação planejada do propósito. Uma delas é o córtex pré-frontal, e a outra é o ACC — córtex cingulado anterior —, região que detecta um conflito entre suas **emoções**, voltadas a sobrevivências e desejos, filtradas por riscos, relações e satisfações, e **uma vida com propósito**.

Quando o propósito é forte e possui várias conexões neurais estabelecidas para acreditar que é possível ou que vai acontecer (fé), então o ACC estimula ações em direção ao propósito, suavizando as emoções com neurotransmissores como "dopamina" (felicidade). Essas regiões do córtex pré-frontal (área do sono, do propósito e da confiança) são recheadas de dopamina.

3. TER UMA HIERARQUIA DE VALORES

"Não tentes ser bem-sucedido, tenta antes ser um homem de valor."

Albert Einstein

Procure entender para onde o seu coração está voltado, quais são as coisas que você valoriza na vida, se isso tem a ver com o seu propósito. Classificar algo por hierarquia é confrontar os valores para saber até que ponto você negocia cada uma das coisas que você valoriza.

As crises são um desalinhamento entre o seu comportamento e o seu propósito. Se o seu comportamento não está na direção de seu propósito, então ele precisa ser alterado. Como o comportamento é o resultado de crenças e valores, ter em mente o estabelecimento da hierarquia de seus próprios valores o ajudará a saber onde deverá mudar o seu comportamento, porque saberá qual área da sua vida, em termos de valores, está sendo confrontada.

4. AVALIAR A IMPORTÂNCIA DOS PENSAMENTOS

"Quer você pense que pode ou não fazer algo, você está certo."

Henry Ford

É importante ter consciência de que os pensamentos, quando bem administrados, dirigem a vida ao bem-estar e ao sucesso. São eles que formam as memórias, embrulhadas em sentimentos, que geram ações. Essas, se repetidas, formam hábitos, e os hábitos são o nosso caráter exposto ao mundo exterior. Esses comportamentos determinam nosso destino, o lugar aonde vamos chegar. Os pensamentos geram os sonhos, que, por sua vez, tornam-se realidade; primeiro em nós, depois em nossa vida.

Nós somos a reação do nosso coração, ou melhor, da nossa mente. O que pensamos, sentimos; e o que sentimos provoca ações; as ações geram hábitos que formam o nosso caráter. A qualquer momento, quando se está desapercebido, o que cada pessoa é vem à tona. Atos falhos acabarão denunciando. A boca falará do que está cheio o coração. O sábio Salomão observou o seguinte a respeito disso: *Porque assim como imagina na sua alma, assim ele é* (Provérbios 23.7).

5. DIFERENCIAR EGO E IMAGEM DIVINA

"É muito difícil pensar nobremente quando se pensa apenas para viver."

Jean-Jacques Rousseau

Devemos conhecer a diferença entre quem somos e o que deveríamos ser; a diferença entre o fato (o que me acontece agora) e a verdade (o que deveria estar ocorrendo). Bem como conhecer nossa personalidade e os sabotadores vinculados a ela, e saber que a voz da alma processa a sua sobrevivência, enquanto a voz do espírito processa o seu propósito, e que ambos são importantes.

Cada pessoa possui um mapa mental que molda suas crenças, gerando os comportamentos. Cada perfil de personalidade que se apresenta atrai para si tipos diferentes de sabotadores.

"Controle a sua mente ou ela o controlará."

Horácio

Para o desenvolvimento da inteligência espiritual, é muito importante que a pessoa identifique as duas vozes que falam dentro dela: a voz do ego, que, impulsionada pelo desejo de sobrevivência, pode promover a autossabotagem, e a voz da imagem divina, aquela que foi colocada pelo Criador em nós e que tem um padrão de vibração ligado ao de Deus. Essa é a voz do espírito.

Sabotadores

"Cuidado consigo mesmo mais do que com qualquer outro homem; carregamos dentro de nós os nossos piores inimigos."

Charles Haddon Spurgeon

O conceito de inteligência positiva (QP, em inglês) foi desenvolvido por Shirzad Chamine, atual presidente da maior organização de treinamento de coaches do mundo. Antes de assumir essa função, Chamine foi coach de centenas de diretores-executivos e equipes, e treinou docentes dos cursos de Administração das faculdades de Stanford e Yale. Ele é ph.D. em estudos de neurociência, mestre em engenharia elétrica e tem MBA pela Universidade de Stanford.

Em seu livro *Inteligência positiva*, lançado no Brasil em 2013, Chamine elenca sabotadores que, segundo ele, absorvem a energia das pessoas e diminuem o seu potencial tanto na esfera profissional quanto na pessoal. Os dez tipos de sabotadores são: o crítico, o insistente, o prestativo, o hiper-realizador, a vítima, o hiper-racional, o hipervigilante, o inquieto, o controlador e o esquivo. Vejamos cada um deles.

O crítico, confundido como a voz da razão, é considerado o principal sabotador pelo potencial destrutivo que carrega. Esse inimigo da mente leva o indivíduo a encontrar defeitos excessivos em si mesmo, nos outros e nas situações, gerando a ansiedade, o estresse e a culpa.

O insistente, que leva as necessidades de perfeição e de ordem às últimas consequências, gerando, mais uma vez, a ansiedade e o nervosismo. Tenta convencer a mente de que a perfeição só depende dele e de que é sempre possível atingi-la. Como isso geralmente não é verdade, o efeito provocado é o de frustração constante, consigo mesmo e com os outros.

O prestativo obriga o indivíduo a correr atrás de aceitação e de elogios. Porém, ao tentar agradar sempre, perde de vista as próprias necessidades e se ressente. Esse inimigo faz parecer que ganhar afeição é sempre uma coisa boa, mesmo que a qualquer preço. No fim das contas, a frustração acaba sendo sempre a mesma.

O hiper-realizador é o perfil sabotador que diz ao indivíduo que ele só é digno de validação e respeito se tiver desempenho excelente e realizações constantes. Costuma ser o grande alimentador do vício em trabalho, como se as necessidades emocionais e os relacionamentos fossem menos importantes. Quem nunca se sentiu um *workaholic*? Será que vale a pena?

A vítima, que, para ganhar atenção e afeto, incentiva reações temperamentais e emotivas em qualquer situação adversa. Tipo oposto ao hiper-realizador, a vítima valoriza os sentimentos ao extremo e cria uma sensação de martírio que mina as energias mental e emocional.

O hiper-racional coloca a racionalidade acima de tudo, até mesmo dos relacionamentos; essa é a função desse tipo de sabotador da mente. Ele alimenta a impaciência em relação às emoções alheias e as faz serem vistas como indignas de consideração. O maior problema de ser hiper-racional é a limitação da flexibilidade nas relações íntimas e profissionais, causando um desequilíbrio que nem sempre pode ser consertado com o tempo. Um indivíduo com esse perfil pode ser percebido como frio, distante e intelectualmente arrogante.

O hipervigilante. Ansiedade extrema em relação aos perigos que o cercam é o sentimento que esse sabotador desperta em quem o deixa falar alto. O estado de alerta constante gera uma grande carga de estresse, que cansa não só o próprio indivíduo, mas também quem está por perto.

O inquieto está constantemente em busca de emoções maiores e, por conta disso, atrapalha o sentimento de paz e de alegria que poderia ser vivenciado no presente se o indivíduo prestasse mais atenção em si mesmo. Perder o foco e a apreciação pelo que está acontecendo agora é a grande ameaça para quem se deixa levar por ele.

O controlador. Estar no comando, dirigir ações e controlar situações é a maior necessidade desse perfil sabotador. Ele pode até conseguir resultados em curto prazo em uma equipe de pessoas, mas no futuro gera ressentimento em quem o cerca, o que atrapalha as relações e impede que o grupo exerça sua capacidade plena.

O esquivo. Concentrar-se apenas nos aspectos positivos e prazerosos de uma situação faz esse tipo de sabotador incentivar a mente a adiar soluções e evitar conflitos, por mais que eles sejam necessários. O problema é que, comumente, o resultado de um comportamento baseado nisso é a explosão de conflitos sufocados que foram deixados de lado.

"O conformismo é o carcereiro da liberdade e o inimigo do crescimento."

John Fitzgerald Kennedy

6. QUALIDADE DE SER ÚNICO

É fundamental saber que somos únicos e que cada um tem uma história a ser escrita, um legado a deixar e que, apesar de aprendermos uns com outros, não devemos copiar os demais; devemos buscar cumprir o nosso papel, e não o do outro.

O nosso sucesso depende dessa compreensão de que temos a capacidade de sair do lugar-comum onde estão os que copiam outras pessoas. Desenvolver as suas habilidades únicas fará de você um especialista muito valorizado.

2º pilar do desenvolvimento da inteligência espiritual: Descoberta

Esse pilar é direcionado à descoberta do mundo exterior, do ambiente em que se vive e das possibilidades circunstanciais, o lugar onde sua personalidade interage. As habilidades poderosas do 2º pilar são: interdependência e interconexão, mundo dos outros, percepção de tempo e limitações, princípios e leis espirituais e experiência transcendental de unicidade

1. INTERDEPENDÊNCIA E INTERCONEXÃO

> "Ou vivemos todos juntos como irmãos, ou morremos todos juntos como idiotas."
>
> Martin Luther King

Devemos compreender que fazemos parte de um projeto maior, que cumprimos um papel que intercepta a vontade do Criador para o todo. Entender que somos peças de um motor maior e que o nosso sucesso depende dessas relações, assim como o sucesso de outros depende também do nosso.

2. O MUNDO DOS OUTROS

> "Não há que ser forte. Há que ser flexível."
>
> Provérbio chinês

Cada pessoa possui um mundo interno, uma personalidade própria que manifesta sua inteligência. Suas reações, seus sentimentos e suas vontades refletem a forma como foi criada, as experiências vividas, os sonhos realizados e frustrados, as amizades construídas, as decepções, os sustos, os medos, mas também a forma e a disposição de crescer.

O volume, a intensidade, a expansão, a frequência, a sintonia, a carga, tudo isso combinado em um padrão diferente do nosso. Entender, respeitar e saber interagir cria um diferencial em sua inteligência espiritual (QS).

É fundamental celebrar a individualidade de cada pessoa e incentivá-la a crescer, aprendendo mais a cada dia sobre si mesma e os demais.

Existem indivíduos com os quais você se dá bem mais facilmente do que com outros. Quando você interage com os que compartilham do seu estilo, está em "sintonia" e desenvolve uma afinidade imediata com eles.

O que se costuma observar é que o seu estilo mais natural é incompatível com a maioria das pessoas com as quais você se relacionar. O que é confortável para você não será confortável para elas, e isso dificulta a comunicação e o relacionamento.

Pesquisas mostram que aproximadamente 80% dos fracassos profissionais nos Estados Unidos são devidos a conflitos interpessoais. Elas também mostram que, embora cada indivíduo tenha uma personalidade singular, a maioria dos comportamentos pode ser sistematicamente moldada. Além disso, constatou-se que a personalidade do indivíduo influencia na sua relação com os outros e na maneira como os sentimentos são comunicados. Por fim, concluiu-se que a adaptação aos padrões dos companheiros reduz as tensões nos relacionamentos.

É importante reconhecer quando o estilo de alguém não corresponde ao seu. Você não pode mudar seu estilo próprio, mas pode adaptar seu comportamento para combinar melhor com o estilo da outra pessoa.

A diversidade é enriquecedora, mas requer entendimento. Ao reconhecer e apreciar a forma como as pessoas se comportam, você pode obter o máximo de diversidade e inclusão nas relações interpessoais. Logo, abraçar a diversidade de pensamento é a chave para a criatividade e a inovação.

As diferenças entre as pessoas não são a única fonte de mal-entendidos e conflitos. No entanto, psicólogos descobriram que indivíduos muito diferentes entre si tendem a ter mais dificuldade para estabelecer entrosamento e confiança, não se comunicam efetivamente com frequência, além de encontrarem maior resistência para o entendimento.

A comunicação no mundo do outro

Para se comunicar de forma efetiva, é necessário estar consciente de que as pessoas interagem.

O significado de cada palavra proferida por um indivíduo está baseado na percepção de cada um. Da mesma maneira que se assume que a mensagem proferida foi claramente entendida, também se assume que, se algo for importante para si mesmo, também será importante para o outro, ou que todo mundo vê o mesmo problema, da mesma forma.

Quando se entendem as diferentes percepções — filtros —, se vê como duas pessoas podem ter uma conversa e criar opiniões completamente distintas do que foi dito.

Os filtros estão baseados na personalidade, no PARADIGMA de cada uma: *Como cada um de nós vê o mundo.*

Flexibilidade é a habilidade de variar o próprio comportamento de modo a assegurar as reações de outras pessoas. É ter mais de três escolhas comportamentais em dada situação. É a habilidade de reconhecer que as necessidades dos outros são tão importantes quanto as nossas.

A flexibilidade é uma qualidade importante para ter a capacidade de ajustar o próprio comportamento de acordo com determinada situação.

Se, em outros tempos, ouvimos que a regra de ouro de um bom relacionamento era "trate as pessoas da maneira que você gostaria de ser tratado", hoje entendemos que a regra de platina, ou seja, a superior, é "trate as pessoas da maneira que elas gostariam de ser tratadas".

Como entendo que o nosso propósito é a liderança, vale tratar aqui das características de cada um dos perfis como líder.

> "O mais importante ingrediente na fórmula do sucesso é saber lidar com as pessoas."
>
> Theodore Roosevelt

Entendendo os líderes

O nosso sucesso depende muito da forma como olhamos nossas lideranças. Cerca de 90% das demissões ocorrem por problemas de relacionamento. O perfil comunicacional do SOAR, dá dicas de como compreender nossos líderes e até mesmo nossa forma de nos comportar diante de uma oportunidade de liderança.

O DOMINANTE COMO LÍDER

Ele se sente confortável na liderança e toma decisões rápidas. Deixa claro o papel de cada liderado e aceita desafios. Além disso, em momentos de mudanças e crise, esse indivíduo cresce.

Sem flexibilidade, o líder dominante pode ser visto como alguém intimidador, insensível, impaciente e alguém que se preocupa mais com os resultados do que com as pessoas envolvidas nos processos.

O EXTROVERTIDO COMO LÍDER

Ele mantém uma política de portas abertas onde lidera. Dá atenção aos liderados, inspira e motiva o grupo, fazendo comentários positivos e construtivos.

Caso não tenha flexibilidade, o líder extrovertido acaba sendo visto como alguém desorganizado, em quem não se pode confiar para cumprir compromissos assumidos. E, por fim, como alguém mais preocupado em manter as pessoas alegres do que em alcançar as metas necessárias.

O PACIENTE COMO LÍDER

O líder paciente é visto como um bom ouvinte, empático e sensível às necessidades; alguém que aprecia seus liderados, que os valida com frequência, que é consistente em seu estilo de liderança e se utiliza do processo de comunicação de forma metódica.

Um líder paciente sem flexibilidade pode ser visto como alguém indeciso, indireto ao dar orientações, que se recusa a abordar questões difíceis e que hesita em implementar mudanças.

O ANALÍTICO COMO LÍDER

O líder analítico é objetivo e justo com todos. Desenvolve processos lógicos, faz aplicação consistente e efetiva das normas da empresa, é capaz de manter a confiança. Além disso, é detalhista quando atribui funções.

Esse perfil, sem flexibilidade, pode ser visto como alguém perfeccionista demais, cujas normas são difíceis de cumprir, prejudicial à criatividade por causa do desejo de manter regras e normas.

Tipos de conflitos

Os perfis do SOAR que são similares têm uma tendência a serem compatíveis. A eficácia deles é fortalecida quando se misturam diferentes tipos de estilos. No entanto, é preciso atenção, pois misturar estilos pode resultar em conflito.

Esses conflitos acontecem em quatro níveis:

1. Intrapessoal (em mim)
2. Interpessoal (entre mim e você)
3. Pessoal/funcional (entre mim e o meu trabalho)
4. Pessoal/organizacional (entre mim e a minha organização)

Esses conflitos são expressos por meio dos nossos sentimentos e comportamentos, como a raiva, o medo, o desapontamento, a frustração, a hostilidade e a depressão. Como resultado desses conflitos, a pessoa tem a sua energia esgotada.

Cada perfil do SOAR responde aos conflitos de uma forma. No entanto, o dominante e o extrovertido têm tendência a desabafar, e o paciente e o analítico estão mais propensos a se esconder.

O dominante é extremamente assertivo, autocrático, inflexível, exageradamente controlador, manifesta força de vontade e tenta impor emoções e pensamentos aos outros.

O extrovertido é explosivo, ataca emocionalmente as outras pessoas e suas ideias, usa a condenação e empurra os outros para o descrédito, além de falar para os demais como se sente sobre as coisas.

O perfil paciente evita conflitos, é menos assertivo, mantém os pensamentos para si mesmo; é mais controlado, suga as pessoas ou situações indesejáveis e planeja os próximos passos.

O analítico cede para manter a paz e reduzir o conflito. Demonstra concordar com os outros, tolerar as situações mesmo que não concorde com elas, pois deseja salvar o relacionamento mesmo se sentindo ferido.

3. A PERCEPÇÃO DE TEMPO E LIMITAÇÕES

"Confessar que você estava equivocado ontem é tão somente reconhecer que você está um pouco mais sábio hoje."

Charles Haddon Spurgeon

Pessoas espirituais desenvolvem uma conduta ética de valores superiores. Importante também para aqueles que acreditam que a vida não termina aqui. Assim, nossas ações não podem ser direcionadas por conceitos temporais, de coisas que se acabam, mas por princípios eternos.

Por outro lado, entender o tempo nas suas dimensões, saber que, apesar de o propósito vir do Criador eterno, nós estamos firmados em uma plataforma temporal, tudo para nós tem limites físicos, de tempo, espaço e matéria. Essa percepção sugere sensatez ao comportamento para redução de riscos à vida e à alma, que muitas vezes se sobrecarregam e se frustram com atividades infrutíferas que não serão concluídas, com projetos que nunca chegarão ao fim. Dessa forma, a alma não aguenta, vendo suas energias sucumbirem em gastos desnecessários.

4. PRINCÍPIOS E LEIS ESPIRITUAIS

"Os mandamentos se dão para serem observados, obedecidos; enquanto não os pusermos em prática, nada teremos feito de positivo."

A. W. Tozer

Assim como o mundo físico, que possui leis rígidas para a sua ordem e funcionamento perfeito, também o mundo espiritual, ou, como a ciência o denomina, o mundo quântico-holográfico ou subatômico, que não vemos, também possui um programinha divino funcionando com informações que já podem ser compreendidas pela ciência.

Como vimos, a bondade e a maldade podem ser percebidas no ar. Alteram moléculas e distorcem composições moleculares. Por isso, percebemos ambientes pesados e ruins e ambientes leves e de paz.

O Mestre Jesus, no Sermão do monte, evocou muitos princípios e leis espirituais e, ao término, disse:

Eu lhes mostrarei com quem se compara aquele que vem a mim, ouve as minhas palavras e as pratica. É como um homem que, ao construir uma casa, cavou fundo e colocou os alicerces na rocha. Quando veio a inundação, a torrente deu contra aquela casa, mas não a conseguiu abalar, porque estava bem construída. Mas aquele que ouve as minhas palavras e não as pratica, é como um homem que construiu uma casa sobre o chão, sem alicerces. No momento em que a torrente deu contra aquela casa, ela caiu, e a sua destruição foi completa.

Lucas 6.47-49

Obedecer às leis e aos princípios espirituais é fundamental para garantir o sucesso da missão.

5. EXPERIÊNCIA TRANSCENDENTAL DE UNICIDADE

"À medida que o homem morre para o eu, ele cresce em vida diante de Deus."

G. B. Cheever

Conectar-se ao mundo espiritual por meio da compreensão de que temos a mesma origem, de que também possuímos objetivos comuns e de que estamos inseridos pelo Criador em um plano maior. Aqui, cabe aplicar o conceito do "somos um", mas no seu sentido mais amplo e profundo. Ligar-se a Deus para buscar o propósito dele, para render-se à missão dada por Ele ao ser humano.

3º pilar do desenvolvimento da inteligência espiritual: Aceitação

A autoconfiança advinda do *conhecimento de si mesmo* e do conhecimento holístico, proporcionado pelas *descobertas* do mundo que o cerca, vai construir em você uma pessoa mais segura e confiante no processo divino em curso, agora percebido e compreendido por você. Isso vai conduzi-lo à aceitação de sua missão, além de capacitar a desenvolver as seguintes habilidades:

1. COMPROMISSO COM O DESENVOLVIMENTO

> "Mera mudança não é crescimento. Crescimento é a síntese de mudança e continuidade, e onde não há continuidade não há crescimento."
>
> C. S. Lewis

Só uma pessoa consciente da importância do seu papel e da grandeza de sua missão se compromete com o crescimento pessoal. Desenvolver-se é uma tarefa necessária ao sucesso e à excelência de sua missão.

2. LIDERANÇA DO ESPÍRITO

> "A ansiedade é o resultado natural de centralizarmos nossas esperanças em qualquer coisa menor do que Deus e Sua vontade para nós."
>
> Billy Graham

O seu compromisso com essa missão o tornará atento ao seu melhor desempenho em busca do propósito. Para tanto, sua atenção, sua percepção, seu foco na liderança do espírito se tornará uma marca.

Suas reações espirituais logo aparecerão no lugar das antigas reações emocionais, disfuncionais, doentes.

O processo das *ideias angulares* produzirá novas sinapses, por meio das ressignificações e das novas crenças, acrescidas do senso de valor que aprofunda as memórias positivas com fortes sentimentos de amor. Agora não mais a alma ferida ou o ego cheio de sabotagens irão conduzi-lo pelo caminho da sobrevivência, mas o espírito o conduzirá ao propósito.

3. ALINHAMENTO DE VALORES E PROPÓSITO

> "Se quer viver uma vida feliz, amarre-se a uma meta, não às pessoas ou coisas."
>
> Albert Einstein

Repetindo uma definição importante, a de que todo ser humano vive por crenças e valores que geram comportamentos em direção a um propósito, o alinhamento dos valores com o propósito ajustará o seu comportamento em direção ao rumo certo.

Nossas atitudes são tomadas por inteligência. O córtex pré-frontal vai em busca das informações armazenadas em todo o cérebro; informações de crenças e de valores definidos, que estão ali, embrulhadas em sentimentos. Quando sua hierarquia de valores está bem organizada, levando em consideração o lugar aonde você deseja chegar, é possível gerenciar um filtro poderoso e automático para entrar em ação toda vez que uma atitude tiver que ser tomada.

O cérebro funciona como um computador. Ele precisa ter a informação certa para trazer a resposta certa. Se você der a ele as informações de valor, ou seja, o que realmente importa para você, coisas que você não negocia, e se isso estiver direcionado ao propósito, ele vai buscar as razões (as crenças), as forças, as motivações (os sentimentos) e o caminho para realizar a tarefa; e, mesmo que você tenha obstáculos à sua frente, irá encontrar um meio de superá-los. Quanto mais sublime for o propósito e mais forte o sentimento, maior será a força para vencer.

4. FÉ SUSTENTÁVEL

"Esforce-se com toda a diligência para manter fora o monstro chamado incredulidade."

Charles Haddon Spurgeon

As ideias angulares trabalham no sentido de fortalecer as crenças que serão provadas no dia a dia de sua vida. No trabalho, no convívio com as pessoas e nos desafios, gerar uma fé que não varia com as circunstâncias depende das certezas e convicções dessas crenças e também do amor com o qual elas foram geradas.

Esse é o segredo de homens como Martin Luther King, que disse certa vez: "Eu tive muitas coisas que guardei em minhas mãos, e as perdi. Mas tudo o que guardei nas mãos de Deus, eu ainda possuo."

Na Bíblia, é dito que "a fé é o firme fundamento das coisas que se esperam, e a prova das coisas que se não veem" (Hebreus 11.1). É uma convicção quanto a algo que ainda não veio. E essa fé vai sustentar seus ideais e propósitos.

"Opinião é aquilo que você sustenta; convicção é aquilo que sustenta você."

Instituto Haggai

5. SUBMISSÃO E AUTORIDADE

"A Bíblia não reconhece a fé que não leva à obediência, nem reconhece qualquer obediência que não brota da fé."

A. W. Tozer

O propósito, uma vez estabelecido, leva em consideração uma estrutura que contém uma hierarquia de poder. Essa hierarquia é fundamental para a ordem sistêmica dos fatores que promovem o sucesso da missão. Isso é tão interessante que todos os grandes líderes da história que possuíam inteligência espiritual (QS) elevada valorizavam muito seus mentores e líderes.

O Mestre dos Mestres certa vez foi indagado sobre a autoridade com a qual fazia os seus milagres. Sendo Ele quem era, poderia ter respondido "faço porque quero fazer; eu me permito". Mas não foi essa a sua atitude. Ele direcionou a autoridade a João Batista e o qualificou como o maior profeta já visto na Terra. Honrou, respeitou e se submeteu a João, sendo batizado no rio Jordão pelas mãos dele.

4º pilar do desenvolvimento da inteligência espiritual: Dominação

... e dominai sobre os peixes do mar e sobre as aves dos céus, e sobre todo o animal que se move sobre a terra

Gênesis 1.28b

O ser humano possui características que o colocam acima de toda a criação. É o único ser que possui consciência, senso moral e inteligência espiritual.

A manifestação dessas características é essencial à felicidade e, como o seu propósito é para o todo, não é uma questão individual, mas um serviço ao Reino, às pessoas e ao mundo.

A dominação é o papel da liderança, da influência, da manifestação pública do propósito divino em você. É quando outros reconhecem esse propósito, respeitam, honram, sem que haja a necessidade de autopromoção.

Esse pilar é um nível elevado de uma história de vida, de um caminho já trilhado e construído com esforço, dedicação e entrega. Nesse nível, as demais HPAs já estão em prática; já são o seu estilo e modo de vida. Nesse estágio, essas habilidades deverão brotar sozinhas, sem esforço e com muito amor e compaixão.

"A maior habilidade de um líder é desenvolver habilidades extraordinárias em pessoas comuns."

Abraham Lincoln

1. ENSINAR E MENTOREAR

Essa habilidade não é a da sala de aula, de professor e aluno; isso pode até ocorrer, mas estou falando aqui de outra coisa. O termo que mais a identifica é "discipulado"; é o relacionamento entre mestre e discípulo.

Aqui, o exemplo é o formato e o caráter, a matéria. A manifestação do seu comportamento é o ensino recebido pelas pessoas que o cercam e admiram, que têm seus ensinamentos como bússola de seus próprios propósitos. Querem ser como você e acreditam que você é capaz de iluminar os seus caminhos (abençoar e clarear com conhecimento).

2. INFLUENCIAR COMO AGENTE DE MUDANÇA

"A coragem é contagiosa. Quando um homem valente permanece firme, os outros também endurecem."

Billy Graham

Seu comportamento, seu conhecimento, sua inteligência e sua sabedoria serão capazes de provocar mudanças positivas nas pessoas, direta ou indiretamente. Livros, DVDs, vídeos no YouTube, pensamentos publicados em redes sociais... Você será procurado e seguido pelo bem que pode causar. Histórias e testemunhos serão contados com o seu nome.

Influenciar pessoas é algo muito importante para quem deseja ser um líder. Na minha experiência, duas coisas são essenciais para a boa influência.

A primeira delas é saber compartilhar os seus sonhos e a sua visão, de maneira que os outros também se sintam inseridos. As pessoas não seguem pessoas. Esse é um grande engano. E o líder que não percebe isso muitas vezes é tragado pela vaidade, achando que ele mesmo é a atração. As pessoas seguem um sonho, uma visão; por isso, a visão sempre tem que ser maior que o visionário. Elas querem seguir algo grande, em que possam sentir-se inseridas. Chamamos isso de sentimento de pertencer.

A segunda coisa essencial é saber ouvir. Saber ouvir nos dá consciência do que está de fato acontecendo, nos dá um feedback sobre nós mesmos e uma visão mais apurada.

Em Provérbios 11.14, é dito: "Não havendo sábios conselhos, o povo cai, mas na multidão de conselhos há segurança." Saber ouvir demonstra confiança, respeito e compaixão. Isso gera credibilidade ao líder e, consequentemente, à influência. Quando você não escuta um liderado, a tendência é que ele busque outra pessoa que o escute. Sua credibilidade é a força que abre a porta da influência e o ambiente para se realizarem as mudanças necessárias.

3. LIDERAR COM SERVIDÃO

"Somente um discípulo pode fazer um discípulo."

A. W. Tozer

O crescimento espiritual eleva o homem sem tirar dele a humanidade. Com a consciência de que está servindo a um propósito maior e de que todos são iguais, com oportunidades diferentes, mas, ainda assim, parte de um todo.

Rejeitando o evolucionismo e seus conceitos de sobrevivência, em que o mais forte prevalece e os mais fracos são desprezados, um líder com alta inteligência espiritual (QS) buscará dar crescimento aos que estão sob a sua liderança.

Nesse nível, seus sonhos envolvem seus liderados, seu propósito se soma aos deles, e eles percebem isso. Você os serve, serve-os com seu tempo, com sua compaixão, com seu carinho, com sua informação, sua sabedoria e sua oração.

Na última ceia de Jesus, episódio narrado por Lucas no capítulo 22 do seu evangelho, há uma contenda entre os discípulos. É uma disputa para saber quem era o maior entre eles. A origem dessa disputa aparece em um comportamento apresentado por eles em resposta a uma afirmação de Jesus no versículo 21: "Eis que a mão do que me trai está comigo à mesa." Imediatamente, entre os discípulos começam os questionamentos. "Quem você acha que é? Quem poderia fazer tal coisa?" Em seus pensamentos, eles buscam defeitos no caráter do outro, para que esse dê razão à traição. Ao olharem o defeito alheio com o objetivo de se justificar, começam a achar diferenças. As diferenças se tornam uma contenda, e isso quebra o ambiente de comunhão (a comum união).

Jesus, então, vai ensinar o segredo para o ajuste das relações. Eles serão os líderes da nova Igreja que nasce, e essa Igreja não pode nascer dividida.

Jesus lhes disse: Os reis das nações dominam sobre elas; e os que exercem autoridade sobre elas são chamados benfeitores.

Lucas 22.25

O fruto da diferença é a contenda; então, seja como (igual) o outro. Quando você é maior, mas serve o menor, ele se sente importante e motivado, e um liderado feliz e motivado promove o seu líder.

4. PRESENÇA CURADORA

"Um líder é um vendedor de esperança."

Napoleão Bonaparte

Essa habilidade requer um fator elevado de historicidade. Conviver, perceber sua espiritualidade, reconhecer sua influência e sua força espiritual.

Você ter ouvido alguém ou ter sido paciente, sua compaixão e amor farão de você uma presença percebida sem palavras. O ambiente mudará com a sua presença.

O pensamento sobre o bem que você causa, ou pode causar, gera sentimentos positivos em todos do ambiente, algo que é imperceptível fisicamente pelo ponto de Deus em cada um. Geração de fé, esperança, paz e mudanças biológicas de cura poderão ocorrer.

5. VIDA EM FLUXO AO PROPÓSITO DIVINO

"Você não consegue construir uma reputação naquilo que pretende fazer."

Henry Ford

A Bíblia relata o chamado de Abraão, o pai da fé de todo judeu e cristão. Nesse chamado, você pode identificar que não foi lhe dada uma direção imediatamente. Mas, acompanhando a história, perceberá que ele ia sendo guiado por Deus. A vida em fluxo é o nosso objetivo maior e o mais alto grau de espiritualidade. Isso acontece pelo fato de o canal espiritual da fé estar aberto e pelas habilidades do Espírito (HPAs) estarem acontecendo de forma natural.

Aqui, sua história é consolidada, e sua reputação vai sendo construída, sem que você a busque.

A vontade do Criador está latente em você, de forma que não haverá dúvidas entre o que deve ser feito ou não quanto ao seu propósito e a sua missão. Essa habilidade, quando alcançada, irá dar-lhe um descanso na alma, sem comparação com nada que já tenha experimentado. Aqui, nesse estágio, é baixíssimo o nível de ansiedade; a que existe é para a própria motivação.

A paz será a sua sombra; a bondade e o amor, o seu alimento; a compaixão, o seu olhar; e o amor, os seus gestos.

CAPÍTULO 9
AS QUATRO HABILIDADES SUPREMAS

ou acesse o link: http://geracaodeinteligencia.com.br/capitulo-9-as-quatro-habilidades-supremas

"A virtude de uma pessoa se mede não por ações excepcionais, mas pelos hábitos cotidianos."

Blaise Pascal

Propositalmente, separei estas últimas quatro habilidades para o final. Pelo fato de serem decorrentes de atitudes fundamentais e indispensáveis à estruturação da QS. A construção e a evolução dessas 25 habilidades têm relação direta com as atitudes do dia a dia, que são responsáveis por consolidarem na memória os novos hábitos por elas gerados e, ao mesmo tempo, um reflexo disso. Essas atitudes são decisões tomadas por você para desenvolver sua inteligência espiritual (QS). Sem elas a tarefa é impossível, e a ausência delas é o fracasso de uma vida que deseja viver no Espírito.

Assim, já nos primeiros passos do desenvolvimento, a mente deve ser dirigida a estas quatro últimas habilidades: gratidão, perdão, oração/meditação e compaixão. Elas brotam dos quatro pilares.

Quem se conhece adquire disposição para agradecer pelo que tem recebido. Quem conhece o mundo e a natureza dele e das pessoas tem felicidade para perdoar. Quem assume a sua missão sabe da grandeza dela e sente dependência do Criador, por isso vive uma vida de oração e de meditação, a fim de seguir em fluxo com o espírito na direção de seu propósito. Quem entende que seu propósito é para o todo e que sua missão passa por amar, treinar, educar, cuidar de outros leva uma vida de compaixão.

Gratidão

Sobre tudo o que se deve guardar, guarda o teu coração, porque dele procedem as fontes da vida. Desvia de ti a falsidade da boca, e afasta de ti a perversidade dos lábios.

Provérbios 4.23, 24

Quando compreendemos que o mundo e a vida são um presente permitido e entregue por Deus a nós; quando entendemos que é um privilégio ter uma família, um pai, uma mãe, uma esposa, filhos, irmãos, e que ter amigos nos torna ricos, a gratidão inunda nosso ser.

Constantemente nos vemos envolvidos em nossos sonhos e buscas, que geralmente envolvem em primeiro plano os bens materiais. Conseguimos facilmente preparar uma lista de nossas ambições pessoais. Mas a ciência já provou que a felicidade não está nas conquistas. Que a sensação de bem-estar por elas alcançada dura pouco. Por outro lado, avanços no entendimento do funcionamento do cérebro nos apresentam a gratidão como uma habilidade poderosa da felicidade.

A neurociência explica a ação da gratidão em nosso corpo. Quando geramos o sistema de gratidão em nossos pensamentos, passamos a ativar o sistema de recompensa do cérebro, localizado em uma área denominada *núcleo accumbens*. Esse sistema é responsável pela sensação de bem-estar e prazer do nosso corpo.

O sistema de recompensa do cérebro é a base neurológica da satisfação e da autoestima, e a gratidão exercitada estimula a ação dessa área. Quando o cérebro identifica que algo de bom aconteceu, que alguma coisa deu certo, que algo foi bem-sucedido e que existem coisas na vida que merecem reconhecimento ou que somos gratos por isso, há liberação da dopamina, um neurotransmissor que ativa a região do *núcleo accumbens* e aumenta a sensação de prazer. Por isso, pessoas que manifestam gratidão apresentam níveis elevados de emoções positivas, satisfação com a vida, vitalidade e otimismo.

Mas, para a gratidão existir, ela precisa, primeiro, ser construída pelo nosso pensamento, ou seja, você precisa pensar nela, em coisas que já conquistou, recebeu, sejam simples ou grandes, sejam coisas materiais ou relacionamentos importantes.

Gerar sentimento de gratidão é uma escolha operada no córtex frontal, sua área de consciência e foco. Você escolhe pensar e construir esse reconhecimento interno, independentemente das circunstâncias que hoje esteja vivendo; independentemente de saúde, beleza física ou bens materiais.

Por outra via neural, a gratidão também estimula a liberação de ocitocina, que estimula o afeto, propicia tranquilidade, reduz a ansiedade, o medo e a fobia. Essa substância é produzida no hipotálamo, uma região do cérebro que liga o sistema nervoso ao sistema endócrino por meio da glândula chamada *pituitária*, que libera ocitocina para a corrente sanguínea. Com isso, exercitar o sentimento de gratidão também dissolve o medo, a angústia e os sentimentos de raiva, tornando bem mais fácil controlar esses estados mentais tóxicos e desnecessários.

"Expresse gratidão com palavras e atitudes. Sua vida mudará muito, de modo positivo."

Masaharu Taniguchi

O psicólogo Robert Emmons, que durante toda a sua carreira estudou os efeitos da gratidão na vida humana, demonstrou que pessoas gratas são mais cheias de energia, desfrutam de maior inteligência emocional, perdoam com mais facilidade e são menos vulneráveis à depressão, ansiedade e solidão.

Pesquisas mostram que os indivíduos que decidem ser mais gratos e começam a exercitar a gratidão, desenvolvem novas redes neurais positivas em questão de semanas, tornam-se mais alegres e otimistas e se sentem mais conectados, dormindo bem e melhorando seu sistema imunológico.

Para iniciar um processo de mudanças na sua vida, comece o dia de maneira positiva. Pela manhã, ao sair de casa, experimente ir pensando nos muitos motivos para ter gratidão, e termine o seu dia refletindo sobre as realizações que lhe deram prazer, as pessoas que cruzaram seu caminho lhe ensinando algo. Mesmo que nada de bom tenha acontecido, lembre-se de que a gratidão é uma escolha. Selecione, então, algo no passado. Mas seja grato de alguma forma.

Perdão

"A chave para perdoar os outros é deixar de se concentrar no que eles fizeram e começar a concentrar-se no que Deus fez por você."

Max Lucado

Filho meu, atenta para as minhas palavras; às minhas razões inclina o teu ouvido. Não as deixes apartar-se dos teus olhos; guarda-as no íntimo do teu coração. Porque são vida para os que as acham, e saúde para todo o seu corpo.

Provérbios 4.20-22

Pessoas gratas têm facilidade de perdoar, pois há um ambiente poderosamente bom dentro delas.

Você sabia que um dos sentimentos mais poderosos que se pode ter é o do perdão? Você tem ideia do que o exercício do perdão pode produzir na sua vida?

O perdão, além de uma atitude espiritual, tem um efeito neurofisiológico poderoso, que pode alavancar grandes conquistas na sua vida. Perdoar gera um fenômeno neural impressionante em nosso organismo e do qual talvez você ainda não tenha se dado conta.

Quando sofremos um mal por parte de alguém, muitas vezes nos vemos aprisionados por um sentimento de mágoa e tristeza. Esses sentimentos são tóxicos e circulam em nossa corrente sanguínea, causando reações que acabam por minar nossas energias e a força de vontade de seguir adiante. Toda vez que nos lembramos do que nos fizeram, ficamos mais tristes e mais desanimados, perdendo energia e oportunidades importantes na vida. Isso se torna um arriscado ciclo que pode levar qualquer um a estados emocionais perigosos e até mesmo doentios.

A mágoa aciona um sabotador chamado *vítima*, já abordado anteriormente, que busca sempre alguém responsável pela sua dor ou mágoa, e isso o faz pequeno, pois toda vítima se vê pequena e fragilizada.

A autossabotagem diante das possibilidades da vida gera um sentimento de não merecimento. Ou seja, essas pessoas nunca acham que merecem algo de bom, aniquilando qualquer ambiente criativo, inovador ou de fé. Você acha que alguém consegue crescer e ser feliz assim?

Há uma frase de um autor desconhecido que me agrada muito: "Não perdoar é tomar uma gota de veneno todos os dias, esperando que a outra pessoa morra." Muitos não perdoam por acharem que, assim, a outra pessoa não vai sair impune da culpa, mas, com esse sentimento, quem se prejudica são eles mesmos.

Não é à toa que você não verá alguém que realiza coisas extraordinárias e tem grandes conquistas na vida e que se encontra assim, triste, magoado ou deprimido.

Então, dá para imaginar a dificuldade que você terá para conquistar seus sonhos e suas realizações se mantiver esse sentimento de mágoa em seus pensamentos.

A neurociência mostra que, ao pensarmos constantemente nas decepções e mágoas, desregulamos a produção de cortisol, um importante hormônio que, quando descontrolado, pode provocar fadiga, estresse, baixa imunidade e grave risco de depressão, uma verdadeira pirâmide para o fracasso.

Além disso, os estados emocionais de tristeza inibem também a liberação da serotonina, hormônio ligado, entre outras coisas, ao humor e à felicidade. O perdão quebra esse ciclo ruim e gera sentimentos tão positivos que passam a estimular o aumento de serotonina no organismo, a partir da sua produção em uma área cerebral denominada *núcleo da rafe*. Isso gera mais sentimentos de felicidade, o que alavanca a vida de quem pratica o perdão.

Para que o perdão seja efetivo, deve ser praticado da forma neurologicamente correta, com persistência e foco no sentir, fixando essa ideia até que ela se torne um gesto comum, um hábito. Fortalecendo as sinapses criadas e as consolidando, assim, no neocórtex, área cerebral que construirá a memória e o condicionamento. Assim, o sujeito mudará sua forma de agir em outras situações em que ocorrerão ofensas e novas mágoas.

Pensamentos geram sentimentos; quanto maior a vontade gerada, maior será a ação.

"Nestes dias de complexo de culpa, talvez a mais gloriosa palavra de nossa língua seja 'perdão'."

Billy Graham

Mas o que é perdoar? Existem diversas formas de definir isso. Nesse contexto, perdoar está em não sentir mais aquilo de ruim que a lembrança traz. É libertar-se da mágoa ou da ofensa que aquilo lhe causou. Você pode não se lembrar dos fatos, das circunstâncias ou do que ocorreu, mas, se não tem mais qualquer sentimento sobre aquilo, você realmente perdoou. Lembrar não é a questão; sentir é a questão.

É o sentimento que irá desencadear uma cascata de liberações neuroquímicas no seu organismo e que vai provocar coisas boas ou ruins. Perceba que, ao realizar o exercício de perdoar alguém de forma verdadeira, você faz, sem perceber, uma coisa de forma poderosa: vencer um desafio emocional, pelo propósito espiritual de ser feliz, para ser original. Você foi criado para ser livre.

Ao perceber que conseguiu perdoar e não sentiu mais aquilo de antes, você se dá conta de que pode vencer desafios gigantes no seu campo emocional. Uma vez que seu cérebro desperta para essa capacidade, quando outras situações que surgirem você estará preparado para enfrentá-las e vencê-las.

Lembre-se de que o que está fazendo neurologicamente é criar novas sinapses, ou seja, ligações de novos caminhos neurais de pensar e agir e que, uma vez estabelecidas, pelo exercício constante de perdoar sempre, formam-se novas redes de possibilidades em que seu pensamento segue, e seus melhores sentimentos surgem. Sentimentos bons geram cascatas de sentimentos bons; exatamente o que você precisa para realizar, vencer e conquistar seus maiores objetivos.

Mesmo que você julgue que o outro não merece o seu perdão, lembre-se de que você não merece carregar esse peso de sentimentos que o seguem em todos os lugares aonde vai, em tudo o que faz. É um fardo muito pesado para quem deseja ser feliz e realizado.

O exercício do perdão também une as pessoas, e pessoas unidas são muito mais fortes e felizes. Pratique o perdão, e construa essa habilidade poderosa da felicidade disponível para as pessoas de inteligência espiritual elevada.

Meditação e oração

Não se aparte da tua boca o livro desta Lei; antes, medita nele dia e noite, para que tenhas cuidado de fazer conforme tudo quanto nele está escrito; porque, então, farás prosperar o teu caminho e, então, prudentemente te conduzirás.

Josué 1.8

O que é essa habilidade poderosa da felicidade, tão solicitada na Bíblia e em outras culturas, principalmente as orientais?

Em dicionários, vemos que essa palavra, *meditação*, vem do latim *meditatione*, que é "o ato ou o efeito de meditar; concentração intensa do espírito; reflexão". É uma oração mental, que consiste, sobretudo, em considerações e processos mentais discursivos, e que se opõe à contemplação.

Mesmo que nunca a tenha experimentado, você já ouviu falar nos benefícios obtidos pela prática da meditação. Além da calma e do relaxamento necessários à concentração, quer seja em uma leitura dos textos bíblicos, em orações ou até mesmo em exercícios espirituais, tais como a gratidão, o perdão, ou pelo ato de entoar louvores ao Criador, quem medita há muito tempo alcança um controle da mente que possibilita escapar de pensamentos obsessivos e negativos, pelo que poderíamos chamar de "transcendência". É o ato de transcender um problema ou uma circunstância que se apresente.

O que as pesquisas nessa área mostram é que a meditação, de fato, diminui a ansiedade, a depressão, a raiva e a fadiga, e melhora a atenção. Os praticantes de meditação parecem ter maior habilidade em cultivar emoções positivas e em deter a instabilidade emocional, evitando pensamentos ruminantes que podem, por sua vez, aumentar a ansiedade e a depressão. Alguns estudos indicam até mesmo um fortalecimento do sistema imunológico.

Além do "domínio mental", o controle da respiração é fundamental para a prática da meditação, e parece ser obtido pela ativação do sistema nervoso parassimpático, o que produz uma sensação de relaxamento e de aquiescência profunda. A calmaria parece ser reforçada pela redução da produção do cortisol, hormônio ligado ao estresse.

Outros hormônios que se mostram sensíveis à prática da meditação são a arginina vasopressina (AVP) e a betaendorfina (Deshmukh, 2006). O aumento da liberação de AVP tem sido associado à manutenção de um efeito positivo, com a diminuição da percepção da fadiga e a facilitação da consolidação de novas memórias. Enquanto se atribui ao aumento de betaendorfina uma menor percepção de dor e medo, e sensações de alegria e euforia.

Os níveis de serotonina parecem ser moderadamente afetados durante a meditação. O aumento deste neurotransmissor, que tem efeito sedativo e calmante, também está correlacionado a um efeito positivo da técnica — assim como acontece com os inibidores de recaptação de serotonina, que aumentam o tempo que a serotonina pode atuar, produzindo seus efeitos, e fazem parte do tratamento farmacológico da depressão.

Ao que tudo indica, portanto, deve haver benefícios em combinar a meditação consciente e intervenções de terapia cognitiva no tratamento da depressão crônica ou recorrente, em comparação com o tratamento convencional.

Dados reunidos por Deshmukh, em um artigo de 2006, mostram ainda que áreas como o hipocampo, o lobo temporal e o córtex parietal estão mais ativas no cérebro de praticantes da meditação, em comparação com não praticantes dela, durante testes que avaliaram a atenção. Lembrando que essas são as áreas onde está o *ponto de Deus*; áreas consideradas de frequências espirituais no cérebro.

Outra habilidade poderosa da felicidade é a oração.

Trabalhos neurocientíficos já mostraram que áreas, como o lobo frontal, diretamente relacionado à concentração, à atenção e à parte emocional do cérebro, o sistema límbico, o giro do cíngulo e o tálamo, ficam mais ativos durante a oração.

É interessante que a parte posterior do cérebro, a região parietal, que é responsável pelo nosso entendimento do meio ambiente, do corpo físico e do tempo, silencie.

O cérebro funciona em um formato diferente, e o que é chamado pela ciência de *efeito placebo*, que ocorre quando algo em que acreditamos, mesmo que não seja materialmente real, se realiza; conforme a fé, parece funcionar.

O efeito placebo é utilizado quando a indústria testa um medicamento. Ela não pode apenas criar uma fórmula química e oferecer à população. É necessário comparar. Assim, muitas vezes comprimidos falsos são oferecidos e comparados. É assim que também são feitos trabalhos científicos com medicamentos. De 20 a 30% das pessoas que tomam comprimidos de farinha, sem qualquer tipo de fórmula, apresentam melhora pelo simples fato de crerem que estão ingerindo um remédio eficaz.

Alguns trabalhos feitos em UTIs mostram que pessoas que recebiam oração, comparadas com outras que não recebiam, tiveram suas complicações minimizadas. Não havia mudança no número de mortalidades, mas complicações como a soltura de cateter e infecções urinárias foram evitadas, ou seja, impactos estatísticos. Por isso, atualmente, quando um médico pede aos familiares que orem pelo paciente, não está praticando apenas uma medida humana, mas atuando com embasamento científico.

As orações sinceras, como as dos muros de hospitais, podem ser até mais eficazes do que as realizadas nas Igrejas, já que as pessoas que estão naquele lugar desejam a cura realmente; por isso, existe uma comunhão com Deus, e esta causa um impacto direto no tratamento. Isso já é amplamente estudado e compreendido pela ciência.

Compaixão

Quando sentimos felicidade, a descarga elétrica em nosso cérebro ocorre no lado esquerdo do córtex pré-frontal, da mesma forma que as sensações negativas e de infelicidade ocorrem no lado direito.

O Dr. Richard J. Davidson, fundador do Center of Investigating Healthy Minds, em Waisman Center, University of Wisconsin-Madison, testou diversos voluntários que demonstraram possuir determinado grau de felicidade e que, após um período de meditação (pensamentos direcionados a coisas boas) sobre frases, lembranças, entre outras coisas, tiveram um aumento considerável no grau de felicidade.

Então, o Dr. Davidson convidou Matthieu Ricard, um francês que se tornou monge budista após os 40 anos de idade e é escritor, tradutor e fotógrafo, considerado mestre em meditação, para o teste que aplicava.

A ressonância magnética funcional permite que o cérebro seja todo mapeado e que toda emoção seja observada. Dessa forma, estímulos foram gerados por meio de sons, para que Matthieu reagisse e atingisse o grau da felicidade. O principal sentimento gerado foi o de compaixão, uma bondade intensa em favor de terceiros, semelhantes ou não, por pessoas, animais ou pela natureza.

O estudo vem atraindo todo o mundo científico, já que, na pesquisa, o voluntário é estimulado a escolher a felicidade, a decidir por ela, a sair dela e, por fim, a voltar a ela. Quanto maior for o nível de felicidade de uma pessoa, mais fácil será essa transição.

Os resultados da pesquisa levantaram algumas considerações interessantes:

- A felicidade é uma decisão;
- A felicidade não depende de circunstâncias;
- A felicidade não depende de posses;
- A felicidade está na percepção;

- A felicidade é de fácil acesso para aquele cuja inteligência espiritual é elevada;
- Treinar a mente acarreta mudanças significativas com relação à felicidade;
- A compaixão é um dos principais geradores de felicidade.

Neurocientistas descobriram que qualquer atividade repetida várias vezes cria novas redes neurais no cérebro, sugerindo que, se decidirmos focar em alguma habilidade, é possível nos tornarmos especialistas nela.

Cientistas chegam a afirmar que indivíduos que atingiram o auge em alguma habilidade, por exemplo, a de primeiro violinista de uma orquestra, ou um superastro do futebol mundial, praticaram aquela habilidade por pelo menos 10 mil horas. Não é por acaso que a habilidade e a experiência de um piloto de avião é mensurada pelas suas horas de voo.

Isso significa que, em qualquer coisa em que você deseje ser "o melhor", o estudo e a prática por pelo menos dez mil horas farão você praticamente imbatível nisso. Por que não treinar para sermos felizes? Que tal começar hoje um treinamento para ser feliz?

> "A amabilidade é uma linguagem que o surdo pode ouvir e o cego pode ver."
>
> John Blanchard

A compaixão melhora os relacionamentos. Cerca de 90% das demissões nas empresas advêm de problemas relacionais. A compaixão carrega em si o ato de saber repartir, de ser amável e gentil, de ter alegria por suprir necessidades alheias.

O estudo sobre compaixão tem levado diversas empresas, como a Google, a trabalhar esse perfil em seus colaboradores.

"Um ser humano é parte do todo chamado por nós de Universo, uma parte limitada no tempo e no espaço. Nós experimentamos a nós mesmos, nossos pensamentos e sentimentos, como algo separado do resto. Uma espécie de ilusão de ótica da consciência. Esta ilusão é uma espécie de prisão que nos restringe a nossos desejos pessoais e ao afeto por pessoas mais próximas a nós. Nossa tarefa deve ser de nos libertarmos da prisão, ampliando o nosso círculo de compaixão, para abraçar todas as criaturas vivas e toda a natureza em sua beleza. O verdadeiro valor de um ser humano é determinado pela medida e pelo sentido no qual tenha obtido a liberação do seu ser. Vamos precisar de uma maneira substancialmente nova de pensar se quisermos que a humanidade sobreviva."

Albert Einstein

Vivi durante anos trabalhando em estruturas organizacionais de empresas, onde a pressão, o esgotamento emocional, a busca pelo lucro e os problemas relacionais conferem um peso excessivo à alma, trazendo exaustão e desânimo.

Os índices de felicidade e de inteligência espiritual nas empresas são reflexos do estilo de vida e dos pensamentos que temos no mundo de hoje. Pessoas vivendo sem propósito refletem em empresas que também existem sem propósito global, onde seus objetivos não inserem pessoas nem bem comum. Mas essa história tem mudado. Todo o sistema tem se voltado a tentar corrigir essa rota. Até mesmo o capitalismo tem sido questionado e repensado, para um capitalismo consciente.

"Um negócio que não produz nada além de dinheiro é um negócio pobre."

Henry Ford

Após o resultado dessa pesquisa, pela qual se constatou que a compaixão era um dos principais aspectos do bem-estar e da felicidade, ela se tornou, desde Harvard, o tema mais abordado em seminários de liderança pelo mundo. Diga-se de passagem, um dos cursos mais disputados em Harvard é o de Felicidade, da cadeira de Psicologia Positiva.

Não é à toa que, em todas as pessoas cuja inteligência espiritual é elevada, a principal característica que se destaca é a compaixão; pessoas como Jesus, Gandhi, Madre Teresa, Martin Luther King Jr, Nelson Mandela e outras cujo propósito inseria o próximo.

Desenvolver a compaixão é possível, mas exige um alto nível de disciplina e foco para colocar o bem acima de qualquer valor ou necessidade pessoal. Estamos falando do tipo de doação ao próximo com o sentimento e a consciência de que você e ele estão inseridos em um plano maior, de que ser feliz e ter sucesso é um direito e uma conquista de todos.

Quando sentimos compaixão, temos uma força interior que prevalece sobre o eu em direção ao próximo; ela reduz a influência dos problemas pessoais, já que o foco está posto fora do complexo interior.

Os pensamentos de compaixão estabelecem a bondade como o padrão do pensamento, reduzindo a quantidade de cortisol e aumentando os níveis de serotonina. Esse padrão constante vicia o cérebro em pensamentos positivos, rejeitando e bloqueando os pensamentos negativos.

CONCLUSÃO

"As circunstâncias nunca formam o caráter; elas meramente o revelam."

John Blanchard

Neste livro, procurei resumir os anos de aprendizado, experiências e estudo acadêmico que Deus tem me permitido vivenciar ao longo da minha história, e que me ajudaram não só a desenvolver pessoalmente a minha inteligência espiritual, mas também a de milhares de pessoas que têm passado pela minha vida através das palestras, dos cursos e das igrejas por onde tenho passado.

Procurei expor o máximo de conhecimento prático com algum conteúdo teórico para que lhe seja útil em sua caminhada neste mundo. Acredito na possibilidade total de um ser humano pleno, feliz e com alta performance, que passe por adversidades mas consiga superar suas batalhas com resiliência e fé, guiado pela força do seu propósito e sustentado pelos valores superiores estabelecidos em seu caráter, pelo Espírito do Criador.

Espero que este livro não só mude a sua perspectiva de vida, mas se torne um instrumento prático para a transformação do ambiente ao seu redor.

Entendo que estas páginas estão muito longe de responder a todas as perguntas sobre o tema a que se propuseram, e que também a teoria das ideias angulares, como toda teoria, deve ser questionada e avaliada. Mas não tenho dúvida alguma de que pude contribuir para o seu crescimento, e espero ter aberto diversas janelas de possibilidades para o seu sucesso.

A inteligência espiritual, neste momento, é um dos temas mais estudados no nível científico, com muitas novidades surgindo a cada momento. O que me deixa muito à vontade para dizer que este livro não pretende ser encarado como portador de verdades absolutas em relação ao tema, mas como uma obra que despertou e contribuiu para o aprofundamento do tema, através do estudo das ideias angulares. Há muito o que estudar, investigar e descobrir, mas, se agucei o seu interesse pelo assunto, minha alma se dará por satisfeita. Use o poder desta inteligência para transformar seu mundo e o nosso.

TESTE DA INTELIGÊNCIA ESPIRITUAL (QS)

ou acesse o link: http://geracaodeinteligencia.com.br/teste-sua-qs

Avalie a sua situação a partir dos enunciados e das proposições abaixo, dando uma nota bem sincera, de 1 a 5 na caixa, sendo:

1. Muito ruim   2. Ruim   3. Regular   4. Bom   5. Muito bom

☐ 1. Sobre conhecer a si mesmo, você diria que se conhece?

☐ 2. Sobre ter um propósito, uma causa, uma razão que o tire da cama com ânimo, como você está?

☐ 3. Em relação a não negociar seus valores e princípios por algo momentâneo, como está?

☐ 4. Sobre gerenciar seus pensamentos, como você está?

☐ 5. Sobre saber quem está falando no seu interior — se a emoção (sabotadores), você mesmo ou o espírito —, como está?

☐ 6. Sobre entender a si mesmo, que você é único e especial e não deve comparar-se a ninguém, nem para sentir-se melhor ou pior. Como você está?

☐ 7. Sobre sentir-se útil e feliz no local onde você produz.

☐ 8. Sobre ser flexível para melhorar a comunicação com os outros.

☐ 9. Sobre fazer as coisas na hora certa, sem perder tempo com coisas fora do seu propósito.

☐ 10. Sobre seu interesse e sua prioridade em cumprir leis espirituais.

☐ 11. Sobre sentir-se conectado a um propósito divino mais amplo, no universo criado por Deus.

☐ 12. Sobre estar comprometido com seu desenvolvimento completo e uniforme (corpo, alma e espírito), para melhor cumprir sua missão.

☐ 13. Quanto à convicção de receber inspirações divinas para suas ações, sem ouvir a voz da sabotagem.

☐ 14. Sobre alinhar seu propósito aos seus valores, para evitar crises e arrependimentos.

☐ 15. Sobre construir confiança e fé, para neutralizar seus medos e anseios.

☐ 16. Sobre ser mentoreado e submeter-se às autoridade constituídas sobre você.

☐ 17. Sobre gerar discípulos, iluminar pessoas, sendo um exemplo a ser seguido.

☐ 18. Sobre provocar o despertamento de outros e influenciar o desenvolvimento deles.

☐ 19. Sobre servir as pessoas sem visar ao retorno, apenas a satisfação por ver o benefício do outro.

☐ 20. Sobre o quanto sua presença faz bem aos outros, trazendo, paz, confiança e vontade de crescer.

☐ 21. Sobre ter paz que vem da convicção de estar agindo de acordo com o propósito divino e exalando amor no olhar e nas ações.

☐ 22. Sobre viver uma vida de intensa gratidão a Deus e ao próximo.

☐ 23. Sobre a facilidade de perdoar e não sofrer por traições e decepções.

☐ 24. Sobre sua capacidade de reduzir sua atividade neurológica por meio da oração e meditação.

☐ 25. Sobre sua capacidade de colocar-se no lugar das pessoas, dirigindo a mente a sentir a alegria e a tristeza do outro.

Tabulação e resultado:

RESULTADO 1

Realize o somatório dos valores das perguntas de 1 a 6:
Leia abaixo conforme o resultado.

Quando o resultado for de 0 a 12:

→ Precisaremos evoluir consideravelmente no autoconhecimento. Esse é o início desta caminhada. Conhecer a si mesmo é fundamental para saber onde se pode chegar. Desenvolver-se para a excelência passa por ter alta consciência da sua existência. Suas convicções a cerca de si mesmo ajudarão a neutralizar sabotagens e não aceitar as crenças limitantes. Sua felicidade e seu sucesso dependem disso.

Quando o resultado for de 13 a 18:

→ Você já deu bons passos em direção a uma vida espiritual saudável. Ainda temos um caminho para percorrer na estrada do autoconhecimento. Você tem uma boa noção de "quem é", e isso é fundamental para saber onde se pode chegar. Desenvolver-se para a excelência passa por ter alta consciência da sua existência. Você com certeza já tem conhecimento de algumas coisas que precisam ser mudadas com urgência. É necessário não parar nesta busca dos sabotadores. Precisaremos gerenciar melhor estes pensamentos para alterar crenças limitantes por crenças poderosas. Sua felicidade e seu sucesso dependem disto.

Quando o resultado for de 19 a 24:

→ Você possui uma maturidade pessoal considerável, deve manter atenção para não ter uma imagem distorcida de si. É essencial gerenciar seus pensamentos e suas crenças para se manter no foco produtivo em relação ao seu propósito. Nessa fase, não se pode permitir sabotagens nem a presença de fantasmas do passado. Hora de desenvolver fortemente suas habilidades para o cumprimento de sua missão.

Quando o resultado for de 25 a 30:

→ Sua capacidade de domínio próprio está elevada, o que te ajudará a desenvolver sua missão com um excelente nível de paz e felicidade. Se as respostas foram respondidas corretamente, você está em excelentes condições neurológicas para se conectar com o mundo e com a sua missão. Sua estabilidade lhe confere a possibilidade de estar entre os melhores naquilo que é o seu chamado ou propósito de vida.

RESULTADO 2

Realize o somatório dos valores das perguntas de 7 a 11:
Leia abaixo conforme o resultado.

Quando o resultado for de 0 a 10:

→ Você está sentindo necessidade de encontrar o caminho, talvez esteja vendo outras pessoas decolando e você ficando pra trás. É hora de tomar as rédeas do seu futuro, conectar-se com o seu propósito, conhecê-lo bem, penetrar no mundo dos outros, melhorar as relações e interconexões. Aceitar e ser aceito. Será preciso melhorar sua espiritualidade e seu conhecimento do Altíssimo. Sua missão vem Dele e só será completa Nele.

Quando o resultado for de 11 a 15:

→ Você está descobrindo a necessidade de se conectar ao propósito de sua vida. Sua espiritualidade precisa evoluir a um nível maior para influenciar na direção de sua vida. Precisa priorizar as leis espirituais e seus retornos, priorizar seu tempo, se organizar mais e estar aberto ao que o espírito irá falar. Ser flexível é fundamental neste momento seu.

Quando o resultado for de 16 a 20:

→ Você está no caminho de se sentir aceito e bem conectado ao propósito de sua vida. Ouvir a voz de Deus é uma prioridade para você. Saber a direção e seguir com confiança é o que você quer. Este é o momento de se comprometer com seu destino. Precisa evoluir em descobrir e se agarrar ao motivo de sua existência. É hora de organizar suas prioridades e sua agenda de forma que os seus valores não sejam agredidos e, assim, sua felicidade não seja minada.

Quando o resultado for de 21 a 25:

→ Você atingiu uma maturidade essencial ao seu sucesso e à sua felicidade. Tem consciência do mundo dos outros e das leis que regem a sua vida e está focado no que está fazendo. Parabéns. Não deixe esse nível baixar. Aumente sua intimidade e sintonia com o Altíssimo, alinhando cada vez mais seus objetivos ao seu propósito. Esteja sempre atento para não perder o controle para os sabotadores e fragmentos emocionais, não negociando seus valores para seguir em paz na rota de seu sucesso maior e da sua felicidade em fluxo.

RESULTADO 3

Realize o somatório dos valores das
perguntas de 12 a 16:
Leia abaixo conforme o resultado.

Quando o resultado for de 0 a 10:

→ Você está no nível inicial de jornada rumo ao propósito. Neste nível, é necessário ter convicção de onde se vai chegar. Quem não sabe aonde ir, não sai do lugar, não desenvolve. Hora de traçar suas metas, suas rotas. Não buscar um namoro, mas um casamento com os seus sonhos, por exemplo. Nessa fase, é preciso sonhar com a certeza de que é isso que Deus deseja pra você.

Quando o resultado for de 11 a 15:

→ Você está descobrindo sua missão e saindo da fase de namoro com ela. É necessário um comprometimento seguro com seu propósito. Precisa alinhar seu propósito aos seus valores para não sofrer emocionalmente e não se arrepender no futuro. Sua confiança e fé precisam evoluir para gerar autoestima elevada e estabilidade emocional. Há uma jornada rumo às suas conquistas que está apenas começando. Ter uma referência, um mentor, um coach, é essencial para seu crescimento.

Quando o resultado for de 16 a 20:

→ Você está bem consciente do que deseja, precisa afinar o foco. Sentir e ouvir a Deus é essencial para seu desenvolvimento. Sua fé está em nível elevado, mas pode evoluir para neutralizar seus medos e evitar bloqueios na sua caminhada. Precisa avaliar suas crenças e alinhar seus valores para que algumas crises sejam dissolvidas e você possa decolar de vez.

Quando o resultado for de 21 a 25:

→ Você está acima da média. Cheio de convicções do que realmente vale a pena na vida e de para onde você está indo. Abraçou seu propósito de vida e o está gerenciando. Aproxime-se do seu mentor ou coach, porque você está em condições de voar alto. Seus riscos aumentam, e você precisa estar seguro. Outras pessoas precisam de você, digo até que dependem de você. Você se tornou exemplo e precisa brilhar. Cuide para não tropeçar. Continue atento aos sabotares e às possíveis crenças limitantes. Siga com fé.

RESULTADO 4

Realize o somatório dos valores das perguntas de 17 a 25:
Leia abaixo conforme o resultado.

Quando o resultado for de 0 a 18:

→ A inteligência espiritual é a capacidade de um indivíduo de ser guiado pelo espírito em uma vida plena de sentido e propósito. Propósito é algo que existe para os outros e não apenas para nós. Você está no início de uma jornada que vai depender muito de sua capacidade de entender e absorver esse princípio. Você nasceu para cumprir seu propósito que gera um bem comum a todos. Precisa desenvolver essas habilidades, que são na verdade as habilidades da felicidade. Anime-se você tem importância. Busque com força esse desenvolvimento.

Quando o resultado for de 19 a 27:

→ Você está no início de uma herdade de iluminação ao próximo. Muitas pessoas esperam que você cumpra o seu propósito. Você precisa evoluir ainda mais. Se aprimore em servir aos outros, em doar-se. Sinta o seu propósito dentro de você e siga desenvolvendo essa habilidade.

Quando o resultado for de 28 a 36:

→ Você tem caminhado bem na sua jornada em busca ao desenvolvimento, continue focando em pessoas, em doar-se mais sem esperar algo em troca, em semear na alma daqueles que estão ao seu alcance. Deixe seu coração brilhar mais, amar mais. Você atrai pessoas, saiba usar esse dom de forma mais adequada ao seu propósito. Gere crescimento em outros, e eles te farão crescer ainda mais.

Quando o resultado for de 37 a 45:

→ Você está bem alinhado ao seu propósito, e todos ganham com isso. Você atrai pessoas que querem crescer junto com você, e você tem se tornado referência para algumas delas. Não deixe de exalar esse amor, ele é o vínculo da perfeição. Não permita que decepções te tirem do foco. Você está acima da média, pronto pra voar alto. Siga com fé.

Some todos os valores dos 4 grupos (**RESULTADO 1, RESULTADO 2, RESULTADO 3 E RESULTADO 4**), que deverá ser igual ao somatório total dos valores de cada pergunta.

Este resultado representa o nível da sua QS, baseado na pesquisa científica do Dr. Djalma Pinho sobre as ideias angulares e no formato *CALL DAD*.

ALTÍSSIMO ―――― De 110 a 125

ALTO ―――― De 95 a 109

MÉDIO ALTO ―――― De 87 a 94

MÉDIO BAIXO ―――― De 60 a 86

BAIXO ―――― Abaixo de 60

REFERÊNCIAS BIBLIOGRÁFICAS

BÍBLIA SAGRADA. Traduzida em português por João Ferreira de Almeida. Revista e corrigida. 4. ed. São Paulo: Barueri, Sociedade Bíblica do Brasil, 2009.

BÍBLIA LEITURA DIÁRIA: lendo as Escrituras com o Pr. Silas Malafaia. Rio de Janeiro: Editora Central Gospel, 2011.

CHOPRA, Deepak. *Supercérebro:* como expandir o poder transformador da sua mente. São Paulo: Alaúde Editorial.

CHAMINE, Shirzad. *Inteligência positiva:* por que só 20% das equipes e dos indivíduos alcançam seu verdadeiro potencial e como você pode alcançar o seu. Rio de Janeiro: Objetiva, 2013.

GALVÃO, Stella. *Ginástica para cérebro:* descubra quais são os exercícios para manter a boa forma mental, 2013. Disponível em: <http://revistavivasaude.uol.com.br/saude-nutricao/79/artigo154919-1.asp/>. Acesso em: 24 set. 2014.

GOD ON THE BRAIN: questions and answers, 2009. Disponível em: <http://www.independent.co.uk/news/science/belief-and-the-brains-god-spot-1641022.html>. Acesso em: 18 nov. 2014.

GONDIM, Ricardo. *A difícil arte de conhecer-se.* Disponível em: <http://www.ricardogondim.com.br/estudos/a-dificil-arte-de-conhecer-se/>. Acesso em: 14 set. 2015.

GLOBAL INSTITUTE, SOAR. *Advanced Certification Manual.* Orlando, USA, 2014.

GREGOIRE, Carolyn. *14 sinais de que você tem inteligência emocional,* 2014.

GUELHA, Sara. *Como mudar os nossos hábitos mentais?,* 2013. Disponível em: <http://oficinadepsicologia.com/como-mudar-os-nossos-habitos-mentais>. Acesso em: 4 out. 2014.

IZAC, Jussara Dutra. *Exercícios cerebrais podem ajudar a tomar decisões,* 2010. Disponível em: <http://www.senado.gov.br/senado/portaldoservidor/jornal/Jornal118/saude_ercervicios_cerebral.aspx>. Acesso em: 24 set. 2014.

IZAC, Jussara Dutra. *Neurocientista explica exercícios para o cérebro*, 2014. Disponível em: <http://metodosupera.com.br/noticias-sobre-o-cerebro/neurocientista--explica-exercicios-para-o-cerebro/>. Acesso em: 24 set. 2014.

LAZZERI, Thais. *A ciência mostra como mudar hábitos ruins*: saiba como se livrar deles. É mais fácil do que parece, 2012. Disponível em: <http://revistaepoca.globo.com/Saude-e-bem-estar/noticia/2012/09/ciencia-mostra-como-mudar--habitos-ruins.html>. Acesso em: 24 set. 2014.

LAZZERI, Thais. *Córtex pré-frontal*. Disponível em: <http://pt.wikipedia.org/wiki/C%C3%B3rtex_pr%C3%A9-frontal>. Acesso em: 2 out. 2014.

LISBOA, Silvia. *Livre-se dos maus hábitos*, 2007. Disponível em: <http://revistagalileu.globo.com/Revista/Common/0,,ERT307107-17773,00.html>. Acesso em: 24 set. 2014.

LISBOA, Silvia. *Você tem inteligência emocional*. Disponível em: <http://exame.abril.com.br/estilo-de-vida/noticias/14-sinais-de-que-voce-tem-inteligencia--emocional>. Acesso em: 25 set. 2014.

LUCAS. Miguel. *Estrutura mental positiva*: o elixir da felicidade, 2014. Disponível em: <http://www.escolapsicologia.com/estrutura-mental-positiva-o-elixir--da-felicidade/>. Acesso em: 24 set. 2014.

MÚSICA E OS CRISTAIS DE ÁGUA. Disponível em: <http://caosnosistema.com/masaru-emoto-poder-da-agua/>. Acesso em: 26 ago. 2015.

NEW YORK TIMES. Entrevista proferida por Charles Duhigg ao jornalista Jonathan Fields, no prédio do jornal *The New York Times*, Nova Iorque, em julho de 2012.

NEUROCIENTISTA EXPLICA EXERCÍCIOS PARA O CÉREBRO, 2014. Disponível em: <http://metodosupera.com.br/noticias-sobre-o-cerebro/neurocientista--explica-exercicios-para-o-cerebro/>. Acesso em: 24 set. 2014.

PALAVRAS E OS CRISTAIS DE ÁGUA. Disponível em: <http://caosnosistema.com/masaru-emoto-poder-da-agua/>. Acesso em: 26 ago. 2015.

Palestra *Conexões mentais — Liderança e a neurociência*, proferida pelo Dr. Francisco di Biase, em O Grande Encontro — Eixo Líderes de Alta Performance, realizado de 2 a 6 de setembro, em Belo Horizonte, MG. Promovido pela UBQ. Disponível em: <https://www.youtube.com/watch?v=qxT0MJv3hXM>.

PASSARELI, Paola Moura; SILVA, José Aparecido da. *Psicologia positiva e o estudo do bem-estar subjetivo*. 2006. Disponível em: <http://www.scielo.br/pdf/estpsi/v24n4/v24n4a10.pdf>. Acesso em: 24 set. 2014.

ROSENWALD, Michael. *Book Review: "The Power of Habit", by Charles Duhigg*, 2012. Disponível em: <http://www.businessweek.com/articles/2012-03-15/book-review-the-power-of-habit-by-charles-duhigg>. Acesso em: 3 out. 2014.

VEJA. *Google e Nasa compram computador quântico.* Disponível em: <http://veja.abril.com.br/noticia/ciencia/google-e-nasa-compram-computador-quantico/>. Acesso em: 4 set. 2015.

VESCE, Gabriela E. Possolli. *Psicologia cognitiva*, 2010. Disponível em: <http://www.infoescola.com/psicologia/cognitiva/>. Acesso em: 4 out. 2014.

WIKIPÉDIA. *Córtex pré-frontal.* Disponível em: <http://pt.wikipedia.org/wiki/C%C3%B3rtex_pr%C3%A9-frontal>. Acesso em: 2 out. 2014.

WOOD, Wendy; NEAL, Davit T. *A new look at habits and the habit-goal interface*, 2007. Disponível em: <https://dornsife.usc.edu/assets/sites/545/docs/Wendy_Wood_Research_Articles/Habits/wood.neal.2007psychrev_a_new_look_at_habits_and_the_interface_between_habits_and_goals.pdf>. Acesso em: 20 out. 2014.

WOYCIEKOSKI, Carla; HUTZ, Claudio Simon. *Inteligência emocional:* teoria, pesquisa, medida, aplicações e controvérsias, 2009. Disponível em: <http://www.scielo.br/scielo.php?script=sci_arttext&pid=S010297222009000100002&lng=en&nrm=iso>. Acesso em: 25 set. 2014.

ZOHAR, Danah. *QS:* inteligência espiritual. Rio de Janeiro: Viva Livros, 2012.

Este livro foi composto na tipografia Palatino
LT Std, em corpo 11/16, e impresso em
papel off-white no Sistema Cameron da
Divisão Gráfica da Distribuidora Record.